↓ テスト前１週間でやることを決めよう。（２週間前から取り組む場合は２列使う。）

WEEKLY STUDY PLAN

Name of the Test ←テスト名を書こう。

Test Period ←

/ ～ /

Gakken New Course Study Plan Sheet

→Date　To-do List ← やることを書こう。
(例)「英単語を10個覚える」など。

勉強する日付を書こう。

実際にその日勉強した時間を記録しよう。・1マス10分。

( )

⏱ Time Record ←
0分 10 20 30 40 50 60分
1時間
2時間
3時間
4時間
5時間

( )

4時間
5時間
6時間

⏱ Time Record
0分 10 20 30 40 50 60分
1時間
2時間
3時間
4時間
5時間
6時間

( )

⏱ Time Record
0分 10 20 30 40 50 60分
1時間
2時間
3時間
4時間
5時間
6時間

( )

⏱ Time Record
0分 10 20 30 40 50 60分
1時間
2時間
3時間
4時間
5時間
6時間

( )

⏱ Time Record
0分 10 20 30 40 50 60分
1時間
2時間
3時間
4時間
5時間
6時間

( )

⏱ Time Record
0分 10 20 30 40 50 60分
1時間
2時間
3時間
5時間
6時間

( )

⏱ Time Record
0分 10 20 30 40 50 60分
1時間
2時間
3時間
4時間
5時間
6時間

JN029441

WEEKLY STUDY P

Name of the Test

Date　To-do List

/

( )

/

( )

/

( )

/

( )

/

( )

/

( )

WEEKLY STUDY PLAN

Test Period

| / | ~ | / |

Name of the Test

Test Period

| / | ~ | / |

Date To-do List

Time Record
0分 10 20 30 40 50 60分
1時間
2時間
3時間
4時間
5時間
6時間

Time Record
0分 10 20 30 40 50 60分
1時間
2時間
3時間
4時間
5時間
6時間

Time Record
0分 10 20 30 40 50 60分
1時間
2時間
3時間
4時間
5時間
6時間

Time Record
0分 10 20 30 40 50 60分
1時間
2時間
3時間
4時間
5時間
6時間

Time Record
0分 10 20 30 40 50 60分
1時間
2時間
3時間
4時間
5時間
6時間

Time Record
0分 10 20 30 40 50 60分
1時間
2時間
3時間
4時間
5時間
6時間

Time Record
0分 10 20 30 40 50 60分
1時間
2時間
3時間
4時間
5時間
6時間

/ ( )

Time Record
0分 10 20 30 40 50 60分
1時間
2時間
3時間
4時間
5時間
6時間

/ ( )

Time Record
0分 10 20 30 40 50 60分
1時間
2時間
3時間
4時間
5時間
6時間

/ ( )

Time Record
0分 10 20 30 40 50 60分
1時間
2時間
3時間
4時間
5時間
6時間

/ ( )

Time Record
0分 10 20 30 40 50 60分
1時間
2時間
3時間
4時間
5時間
6時間

/ ( )

Time Record
0分 10 20 30 40 50 60分
1時間
2時間
3時間
4時間
5時間
6時間

/ ( )

Time Record
0分 10 20 30 40 50 60分
1時間
2時間
3時間
4時間
5時間
6時間

/ ( )

Gakken New Course Study Plan Sheet

WEEKLY STUDY PLAN

Name of the Test ←テスト名を書こう。

Test Period ←

/ ~ /

Date	To-do List	← やることを書こう。(例)「英単語を10個覚える」など。

/ ( )

☐
☐
☐
☐
☐

🕐 **Time Record** ←

0分 10 20 30 40 50 60分

1時間
2時間
3時間
4時間
5時間
6時間

/ ( )

☐
☐
☐
☐
☐

🕐 **Time Record**

0分 10 20 30 40 50 60分

1時間
2時間
3時間
4時間
5時間
6時間

/ ( )

☐
☐
☐
☐
☐

🕐 **Time Record**

0分 10 20 30 40 50 60分

1時間
2時間
3時間
4時間
5時間
6時間

/ ( )

☐
☐
☐
☐
☐

🕐 **Time Record**

0分 10 20 30 40 50 60分

1時間
2時間
3時間
4時間
5時間
6時間

/ ( )

☐
☐
☐
☐
☐

🕐 **Time Record**

0分 10 20 30 40 50 60分

1時間
2時間
3時間
4時間
5時間
6時間

/ ( )

☐
☐
☐
☐
☐

🕐 **Time Record**

0分 10 20 30 40 50 60分

1時間
2時間
3時間
4時間
5時間
6時間

/ ( )

☐
☐
☐
☐
☐

🕐 **Time Record**

0分 10 20 30 40 50 60分

1時間
2時間
3時間
4時間
5時間
6時間

WEEKLY STUDY PLA

Name of the Test

Date	To-do List

/ ( )

☐
☐
☐
☐
☐

/ ( )

☐
☐
☐
☐
☐

/ ( )

☐
☐
☐
☐
☐

/ ( )

☐
☐
☐
☐
☐

/ ( )

☐
☐
☐
☐
☐

/ ( )

☐
☐
☐
☐
☐

/ ( )

☐
☐
☐

WEEKLY STUDY PLAN

Test Period

| / | ~ | / |

Name of the Test

Test Period

| / | ~ | / |

Date   To-do List

/

( )

☐
☐
☐
☐
☐

/

( )

☐
☐
☐
☐
☐

/

( )

☐
☐
☐
☐
☐

/

( )

☐
☐
☐
☐
☐

/

( )

☐
☐
☐
☐
☐

/

( )

☐
☐
☐
☐
☐

/

( )

☐
☐
☐
☐
☐

Time Record
0分 10 20 30 40 50 60分
▶1時間
▶2時間
▶3時間
▶4時間
▶5時間
▶6時間

Time Record
0分 10 20 30 40 50 60分
▶1時間
▶2時間
▶3時間
▶4時間
▶5時間
▶6時間

Time Record
0分 10 20 30 40 50 60分
▶1時間
▶2時間
▶3時間
▶4時間
▶5時間
▶6時間

Time Record
0分 10 20 30 40 50 60分
▶1時間
▶2時間
▶3時間
▶4時間
▶5時間
▶6時間

Time Record
0分 10 20 30 40 50 60分
▶1時間
▶2時間
▶3時間
▶4時間
▶5時間
▶6時間

Time Record
0分 10 20 30 40 50 60分
▶1時間
▶2時間
▶3時間
▶4時間
▶5時間
▶6時間

Time Record
0分 10 20 30 40 50 60分
▶1時間
▶2時間
▶3時間
▶4時間
▶5時間
▶6時間

Time Record
0分 10 20 30 40 50 60分
▶1時間
▶2時間
▶3時間
▶4時間
▶5時間
▶6時間

【 学研ニューコース 】

問題集

中2英語

♪マークの付いている英文の音声は，2通りの方法で再生できます。
利用環境や用途に合わせてお選びください。

 アプリ「マイオトモ」

音声再生アプリをご利用の方は下記へアクセスしてください。

URL:https://gakken-ep.jp/extra/myotomo/

＊音声を端末にダウンロードすればオフラインでもご利用可能です。

 ストリーミング再生

ページ右上の二次元コードを読み取ってください。

【ご注意】
・オフラインでは利用できません。
・二次元コードを読み取るためのアプリ等が必要です。

アプリの利用やストリーミング再生は無料ですが，通信料はお客様のご負担になります。
お客様のネット環境および端末の設定等により，音声を再生できない場合，当社は責任を負いかねます。

Gakken

中2英語 問題集

「解答と解説」は別冊になっています。
本冊と軽くのりづけされていますので，
はずしてお使いください。

本書の特長と使い方

構成と使い方

【1見開き目】

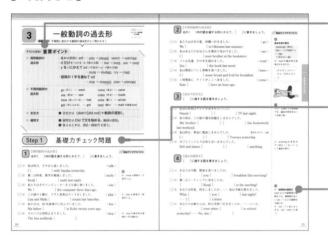

テストに出る！ 重要ポイント

各項目のはじめには，重要点が整理されています。まずはここに目を通して，テストに出るポイントをおさえましょう。

Step 1　基礎力チェック問題

基本的な問題を解きながら，各項目の基礎が身についているかどうかを確認できます。

得点アップアドバイス

わからない問題や苦手な問題があるときに見てみましょう。

【2見開き目】

Step 2　実力完成問題

標準レベル〜やや難しい問題を解いて，実戦力をつけましょう。まちがえた問題は解き直しをして，解ける問題を少しずつ増やしていくとよいでしょう。

入試レベル問題に挑戦

各項目の，高校入試で出題されるレベルの問題に取り組むことができます。どのような問題が出題されるのか，雰囲気をつかんでおきましょう。

1項目4ページ構成

問題につくアイコン

√よくでる　定期テストでよく問われる問題。

ミス注意　まちがえやすい問題。

ハイレベル　発展的な内容を問う問題。

思考　学習内容を応用して考える必要のある問題。

♪音声

このマークのある英語はスマートフォンで音声を再生できます。
※音声の再生方法について，詳しくはこの本のp.1をご覧ください。

ステップ式の構成で 無理なく実力アップ	充実の問題量＋ 定期テスト予想問題つき	スタディプランシートで スケジューリングも サポート

定期テスト予想問題

数項目ごと

学校の定期テストでよく出題される問題を集めたテストで，力試しができます。制限時間内でどれくらい得点が取れるのか，テスト本番に備えて取り組んでみましょう。

解答と解説【別冊】

解答は別冊になっています。くわしい解説がついているので，まちがえた問題は，解説を読んで，解き直しをすることをおすすめします。
特に誤りやすい問題には，「ミス対策」があり，注意点がよくわかります。

スタディプランシート

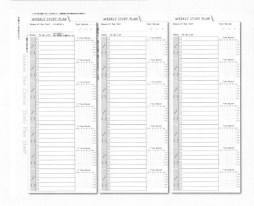

定期テストや高校入試に備えて，勉強の計画を立てたり，勉強時間を記録したりするためのシートです。計画的に勉強するために，ぜひ活用してください。

まずはテストに向けて，いつ何をするかを決めよう！

1 中1の復習① (be動詞)

攻略のコツ 主語によるbe動詞の使い分けがよく問われる！

テストに出る！ **重要ポイント**

● **be動詞の文**
　❶ 〈主語＋be動詞 〜.〉の形で、「○○は〜です」や「○○は（…に）います［あります］」の意味を表す。
　❷ be動詞は主語によって使い分ける。

主　語	be動詞	短縮形
I	am	I'm
you と複数	are	you're, we're, they're
he, she などの単数	is	he's, she's, it's

※ he, she, it などの、I と you 以外の単数を3人称単数という。

● **否定文・疑問文**
　❶ 否定文は be動詞のあとに **not**。短縮形 **aren't / isn't** がよく使われる。
　❷ 疑問文は **be動詞で文を始める**。

● **現在進行形**
　❶ 〈be動詞＋〜ing〉で「〜している」の意味を表す。
　❷ 否定文，疑問文は be動詞の文と同じ。

Step 1　基礎力チェック問題

解答 ▶ 別冊p.2

1 【be動詞の使い分け】
　　[　　]内から適する語を選びましょう。

☑(1)　彼女は14歳です。
　　She [am / are / is] fourteen.

☑(2)　私は中学生です。
　　I [am / are / is] a junior high school student.

☑(3)　父は台所にいます。
　　My father [am / are / is] in the kitchen.

☑(4)　久美と由香は私の友達です。
　　Kumi and Yuka [am / are / is] my friends.

☑(5)　私たちの学校は丘の上にあります。
　　Our school [am / are / is] on a hill.
　　丘：hill

☑(6)　私たちはおなかがすいています。
　　We [am / are / is] hungry.

得点アップアドバイス

1 ┄┄┄┄┄┄┄┄┄
(3) my father は3人称単数の主語。

(6) we は複数の主語。

2 【be 動詞の文】
[　　]に適する語を書きましょう。

得点アップアドバイス

- ☑ (1) 私の兄は高校生です。
  My brother [　　　　　] a high school student.
- ☑ (2) 私は横浜出身です。
  [　　　　　　] from Yokohama.
- ☑ (3) 健二と智也は体育館にいます。　　　　　　　　体育館：gym
  Kenji and Tomoya [　　　　　] in the gym.
- ☑ (4) これは真希のかばんです。
  This [　　　　　] Maki's bag.

2 ....
(2) 空所が1つなので，短縮形を入れる。

(4) this は3人称単数の主語。

3 【be 動詞の否定文・疑問文】
[　　]に適する語を書きましょう。

- ☑ (1) 麻里は教室にいません。
  Mari [　　　　　] in the classroom.
- ☑ (2) 私は疲れていません。
  I'm [　　　　　] tired.
- ☑ (3) ジムとケイトはカナダ出身ではありません。
  Jim and Kate [　　　　　] from Canada.
- ☑ (4) あなたは幸せですか。
  [　　　　　] you happy?
- ☑ (5) あなたのお父さんはお医者さんですか。
  [　　　　　] your father a doctor?

3 ....
(1) 空所は1つしかない。

(2) I'm は be 動詞を含んでいる。

(3) Jim and Kate は複数の主語。空所が1つであることにも注意。

am, are, is のどれを使う？

4 【現在進行形】
[　　]に適する語を書きましょう。

- ☑ (1) リサは部屋で本を読んでいます。
  Lisa [　　　　　] [　　　　　] a book in her room.
- ☑ (2) 私はテレビを見ています。
  [　　　　　] [　　　　　] TV.
- ☑ (3) 彼は公園で走っているのではありません。
  He's [　　　　　] [　　　　　] in the park.
- ☑ (4) 勇太とマイクはサッカーをしているのではありません。
  Yuta and Mike [　　　　　] [　　　　　] soccer.
- ☑ (5) ジムは手紙を書いているのですか。
  [　　　　　] Jim [　　　　　] a letter?
- ☑ (6) あなたは何をしているのですか。
  What [　　　　　] you [　　　　　]?

4 ....
(2) 空所の数に注意。短縮形を使う。

(3) He's には be 動詞 is が含まれている。

(5) write（書く）の ～ing 形は，e をとって ing をつける。

実力完成問題 解答 別冊 p.2

1 ♪【リスニング】
イラストを参考に英文と応答を聞き，応答としてもっとも適切なものを選びましょう。

(1) TICKETS

[　　　]

(2)

[　　　]

2 【適語選択】
[   ]内から適する語句を選びましょう。

(1) This book [am / is / are] interesting.

ミス注意 (2) We're [aren't / not / isn't] thirsty.　　　　　thirsty：のどのかわいた

(3) [Are / Is / Am] you listening to music?

(4) Yumi [is play / is playing / playing] the piano.

(5) My sister [not / isn't / not is] in the kitchen.

(6) [Am / Is / Are] that Mt. Fuji?

3 【対話文完成】
[   ]に適する語を入れて，対話文を完成させましょう。

(1) *A:* Are you from Osaka?

　　B: No, [　　　] [　　　　　]. I'm from Kyoto.

(2) *A:* Is your mother a teacher?

　　B: Yes, [　　　] [　　　　　]. She teaches music.

(3) *A:* Are you and Jim watching TV?

　　B: Yes, [　　　] [　　　　　]. We're watching a drama.

ミス注意 (4) *A:* [　　　　　　] Lisa studying math?

　　B: No, she's [　　　　　]. She's studying English.

ミス注意 (5) *A:* Is this bag yours?

　　B: Yes, [　　　] [　　　　　].

4 【並べかえ】
次の日本文の意味を表す英文になるように，（　　）内の語句を並べかえましょう。ただし，各問題の語句には使わないものが1つずつ含まれています。

ミス注意 (1)　父と兄はおなかがすいています。　　　　　　　　　　　　空腹の：hungry
　　　　　　(is / are / my father / brother / hungry / and)

　　　　　　_____

　　　(2)　彼らは図書室にはいません。
　　　　　　(in / aren't / not / they're / the library)

　　　　　　_____

　　　(3)　麻里（Mari）は友達とテニスをしています。　　　　　　　　〜と：with 〜
　　　　　　(her friends / playing / plays / Mari / is / tennis / with)

　　　　　　_____

5 【和文英訳】
次の日本文を英語にしましょう。

　　　(1)　あれはあなたの犬ですか。

　　　　　　_____

　　　(2)　彼はグリーン先生（Mr. Green）ではありません。

　　　　　　_____

　　　(3)　私の姉は自分の部屋でテレビを見ています。　　　　　＊「自分の」は「彼女の」と考える。

　　　　　　_____

　　　(4)　由香（Yuka）とさやか（Sayaka）は英語を勉強しているのではありません。

　　　　　　_____

入試レベル問題に挑戦

6 【和文英訳】
次の対話文を読み，下線部の日本文を英語にしましょう。

A: Hi, Sayaka.　ここで何をしているの。
B: Hi, Mike.　I'm waiting for Mayumi.
A: I see.　Well, bye.
B: Bye, Mike.

wait for 〜：〜を待つ

_____

💡 **ヒント**

「何」をたずねる現在進行形の疑問文。主語を何にするかに注意しよう。

9

2 中1の復習② （一般動詞）

攻略のコツ 一般動詞の3人称単数の文がよく問われる！

テストに出る！ 重要ポイント

● 一般動詞の文	● 主語が he，she，it など3人称単数のとき，動詞に **s** または **es** をつける。 He play<u>s</u> tennis.（彼はテニスをします。）
● 否定文・疑問文	❶ 否定文は 〈don't[doesn't]＋動詞の原形〉。 ❷ 疑問文は Do[Does] で文を始める。動詞は原形。 ❸ doesn't や does を使うのは，主語が3人称単数の場合。
● 命令文	❶「〜しなさい」というときは，**動詞の原形で文を始める**。 ❷「〜してはいけない」というときは，**Don't 〜.** の形。
● can の文	❶「〜できる」というときは，**can 〜** で表す。can のあとはいつも動詞の原形。 He **can** play tennis.（彼はテニスができます。） └─動詞は原形 ❷ 否定文は can のかわりに **can't[cannot]** を使う。 ❸ 疑問文は **Can** で文を始める。

Step 1 　基礎力チェック問題

解答 別冊p.3

1 【一般動詞の文】
　[　　]内から適する語句を選びましょう。

得点アップアドバイス

☑(1)　私は野球が好きです。
　　I [likes / like / am like] baseball.

☑(2)　兄はギターを弾きます。
　　My brother [plays / playing / play] the guitar.

☑(3)　麻里は携帯電話を持っていません。　　　　携帯電話：cell phone
　　Mari [don't / isn't / doesn't] have a cell phone.

☑(4)　さやかと真希はテニスをしません。
　　Sayaka and Maki [doesn't / don't / aren't] play tennis.

☑(5)　あなたは彼女の名前を知っていますか。
　　[Do / Does / Are] you know her name?

☑(6)　彼は自転車で学校へ行きますか。
　　[Is / Does / Do] he [go / goes / going] to school by bike?

1

don't と doesn't
どちらを使う？

(6) 疑問文・否定文では
動詞はいつも原形。

2 【一般動詞の文】
[ ]に適する語を書きましょう。

得点アップアドバイス

☑ (1) 私はピアノを弾きます。

I [   ] the piano.

☑ (2) 姉は夕食後に勉強します。

My sister [   ] after dinner.

☑ (3) 由香はねこが好きではありません。

Yuka [   ] [   ] cats.

☑ (4) 健二はバスケットボールをしますか。

[   ] Kenji [   ] basketball?

☑ (5) あなたは CD を何枚持っていますか。

How many CDs [   ] you [   ]?

3 【命令文】
[ ]内から適する語句を選びましょう。

☑ (1) 手を洗いなさい，麻里。

[Washes / Wash / Washing] your hands, Mari.

☑ (2) ドアを開けてください。

Please [open / opening / does open] the door.

☑ (3) 静かにしてください。　　　　　　　　　　　　　　静かな：quiet

[Do / You / Be] quiet, please.

☑ (4) この川で泳いではいけません。

[Not / Don't / Doesn't] swim in this river.

4 【can の文】
[ ]に適する語を書きましょう。

☑ (1) クラーク先生は日本語が読めます。

Mr. Clark [   ] [   ] Japanese.

☑ (2) 私はバイオリンを弾くことができます。

I [   ] [   ] the violin.

☑ (3) 姉は料理ができません。

My sister [   ] [   ].

☑ (4) 彼らは会議に来ることができません。　　　　　　　会議：meeting

They [   ] [   ] to the meeting.

☑ (5) 勇太は英語を話せますか。

Can Yuta [   ] English?

☑ (6) リサはバレーボールができますか。

[   ] Lisa [   ] volleyball?

2

(2) 動詞に s をつけるときの形に注意。

(3) Yuka は 3 人称単数の主語で，否定文。

【動詞への s のつけ方】

原形の語尾	つけ方
ふつう	-s
o, s, x, ch, sh	-es
〈子音字＋ y〉	-y → -ies

3

(2) 命令文のはじめか終わりに please をつけると，命令の調子がやわらぐ。

(3) be 動詞の原形を使う。

4

(1) 主語が何であっても，can のあとの動詞は原形。

can の否定文・疑問文
「～できない」は can't [cannot] ～，「～できますか」は Can ～? で，どちらも動詞は原形。

1　♪【リスニング】

イラストを参考に英文と応答を聞き，応答としてもっとも適切なものを選びましょう。

(1)　(2)

(1) [　　　]　(2) [　　　]

2　【適語補充】

[　　　]に適する語を書きましょう。

✓よくでる (1)　健二は毎日テレビを見ます。

Kenji [　　　　　　　　] TV every day.

(2)　私はホラー映画が好きではありません。　ホラー映画：horror movie

I [　　　　　] [　　　　　　　　] horror movies.

(3)　マイクはフランス語を話すことができます。

Mike [　　　　　] [　　　　　　　] French.

(4)　この箱を開けてはいけません。

[　　　　　] [　　　　　　　] this box.

✓よくでる (5)　由香はどこに住んでいますか。── 彼女は駅の近くに住んでいます。

Where [　　　　　] Yuka [　　　　　　]?

── She [　　　　　] near the station.

3　【対話文完成】

[　　　]に適する語を入れて，対話文を完成させましょう。

(1)　A: Do you know his name?

B: No, [　　　　　　] [　　　　　　　].

(2)　A: Can Ms. Green speak Japanese?

B: Yes, [　　　　　] [　　　　　　].

(3)　A: Does Kenji live near his school?

B: Yes, [　　　　　] [　　　　　　].

4 【並べかえ】
次の日本文の意味を表す英文になるように，（　　）内の語句を並べかえましょう。
ただし，各問題の語句には使わないものが1つずつ含まれています。

(1) クラーク先生（Mr. Clark）は名古屋で英語を教えています。
(English / Mr. Clark / Nagoya / teaches / does / in)

_____

(2) 私の母はこの歌手を知りません。
(know / my mother / isn't / doesn't / this singer)

_____

(3) 真希（Maki）は速く泳ぐことができません。
(not / can't / swim / Maki / fast)

_____

5 【和文英訳】
次の日本文を英語にしましょう。

(1) 私の兄は図書館で勉強します。

_____

(2) 私はカレーを作ることができます。　　　　　　　　　　　カレー：curry

_____

ミス注意 (3) ケン（Ken）は自転車を持っていますか。

_____

(4) あなたは何時に朝食を食べますか。

_____

入試レベル問題に挑戦 ·············

6 【英作文】
下のメモは，ケイト（Kate）にインタビューしたときのものです。このメモをもとに，
ケイトについて説明する英文を2つ書きましょう。

〈ケイトについてのメモ〉
・音楽が好き
・朝はテレビを見ない
・日本語は読めるが，書けない

・Kate _____

・She _____

ヒント

「～できるが，～できない」は，「～できる」や「～できない」だけの1文にしてよい。

3 一般動詞の過去形

攻略のコツ 不規則に変化する動詞の過去形がよく問われる！

テストに出る! **重要ポイント**

◉ **規則動詞の**
　過去形

・基本は原形に **ed** …… play → play<u>ed</u>,　watch → watch<u>ed</u>
・**d だけ**をつける（e で終わる語）… live → live<u>d</u>,　use → use<u>d</u>
・**y を i にかえて ed**（〈子音字＋ y〉で終わる語）
　　　　　　　… study → stud<u>ied</u>,　cry → cr<u>ied</u>
・**語尾の 1 字を重ねて ed**
　　　　　　　… stop → stop<u>ped</u>,　plan → plan<u>ned</u>

◉ **不規則動詞の**
　過去形

go（行く）— **went**	come（来る）— **came**
see（見る）— **saw**	make（作る）— **made**
have（持っている）— **had**	write（書く）— **wrote**
get（手に入れる）— **got**	read（読む）— **read** ※発音[red]

◉ **否定文**

● 否定文は〈**didn't[did not]＋動詞の原形**〉。

◉ **疑問文**

❶ 疑問文は **Did** で文を始める。動詞は原形。
❷ 答えるときは，**did / didn't** を使う。

Step 1　基礎力チェック問題

解答 別冊p.4

1 【規則動詞の過去形】
右の（　　）内の語を適する形にかえて，［　　］に書きましょう。

得点アップアドバイス

☑(1) 私は昨日，さやかと話しました。　　　　　　　　　　（ talk ）
　　　I ［　　　　　　　　］ with Sayaka yesterday.

☑(2) 健二は昨夜，数学を勉強しました。　　　　　　　　　（ study ）
　　　Kenji ［　　　　　　　　］ math last night.

☑(3) 私たちはそのコンピューターを3日前に使いました。　（ use ）
　　　We ［　　　　　　　　］ the computer three days ago.

☑(4) この前の土曜日，リサと真希はテニスをしました。　　（ play ）
　　　Lisa and Maki ［　　　　　　　　］ tennis last Saturday.

☑(5) 私の父は，20年前神戸に住んでいました。　　　　　　（ live ）
　　　My father ［　　　　　　　　］ in Kobe twenty years ago.

☑(6) そのバスは突然止まりました。　　　　　　　　　　　（ stop ）
　　　The bus suddenly ［　　　　　　　　］.

1 ┄┄┄┄┄┄┄┄
(2) study は語尾が〈子音字＋ y〉。

(4) play は語尾が〈母音字＋ y〉。

(6) stop の過去形は語尾の1字を重ねる。

2 【不規則動詞の過去形】
右の( )内の語を適する形にかえて，[ ]に書きましょう。

☑ (1) 私たちは去年の夏，沖縄へ行きました。 (go)
We [ ] to Okinawa last summer.

☑ (2) 私はあなたのお兄さんを書店で見かけました。 (see)
I [ ] your brother at the bookstore.

☑ (3) ジムは先週，その本を読みました。 (read)
Jim [ ] the book last week.

☑ (4) 私は朝食にパンと果物を食べました。 (have)
I [ ] some bread and fruit for breakfast.

☑ (5) 1時間前に，ケイトがここへ来ました。 (come)
Kate [ ] here an hour ago.

3 【過去の否定文】
[ ]に適する語を書きましょう。

☑ (1) 直美は昨夜はテレビを見ませんでした。
Naomi [ ] [ ] TV last night.

☑ (2) 私の弟は，この前の週末宿題をしませんでした。
My brother [ ] [ ] his homework
last weekend.

☑ (3) 私は昨日，智也に電話しませんでした。 電話をかける：call
I [ ] [ ] Tomoya yesterday.

☑ (4) ボブとジェイムズは何も言いませんでした。
Bob and James [ ] [ ] anything.

4 【過去の疑問文】
[ ]に適する語を書きましょう。

☑ (1) あなたは今朝，朝食を食べましたか。
[ ] you [ ] breakfast this morning?

☑ (2) 健二はミーティングに来ましたか。
[ ] Kenji [ ] to the meeting?

☑ (3) あなたは昨夜，何をしましたか。── 私は手紙を書きました。
What [ ] you [ ] last night?
── I [ ] a letter.

☑ (4) あなたのお姉さんは，昨日学校へ行きましたか。── いいえ。
[ ] your sister [ ] to school
yesterday? ── No, she [ ].

得点アップアドバイス

2
過去を表す語句
・yesterday「昨日」
・last ～「この前の～」
・～ ago
「(今から)～前」

(3) read の過去形は発音がかわるだけ。

過去形にedがつかない単語もあるよ。

3
(1)(2) 主語が3人称単数でも，過去の否定文はいつも同じ形。

(4) anything は否定文で「何も (～ない)」という意味を表す。

4
(3) **疑問詞の疑問文**
what などの疑問詞の疑問文では，疑問詞のあとに did ～? などの疑問文を続ける。
(4) Did ～? に答えるときは，did / didn't を使う。

実力完成問題 解答 別冊p.5

1 ♪【リスニング】
会話と，それに関する質問が流れます。質問の答えとしてもっとも適切なものを選びましょう。

(1) ア To her grandmother's house.
    イ To Hawaii.
    ウ To Tokyo.

(2) ア He bought it in Kyoto.
    イ His father bought it for him.
    ウ He made it.

(3) ア Miyuki came to Ben and Hana's school.
    イ Ben talked with Miyuki.
    ウ Hana talked with Miyuki.

2 【適語補充】
[　　]に適する語を書きましょう。

(1) 私は昨日，母を手伝いました。
    I [　　　　　　] my mother [　　　　　　].

✓よくでる (2) 私の弟は昨夜，その本を読みました。
    My brother [　　　　　] the book [　　　] [　　　　　].

(3) リサは，これらの写真を2年前に京都で撮りました。
    Lisa [　　　　　] these pictures in Kyoto two years [　　　　].

(4) あなたは先週，そのドラマを見ましたか。
    [　　　　] you [　　　　] the drama [　　　　] week?

3 【対話文完成】
[　　]に適する語を入れて，対話文を完成させましょう。

(1) A: Did you call Maki last night, Nick?
    B: Yes, [　　　　　] [　　　　　].

(2) A: Did Mr. Green speak in Japanese?
    B: No, [　　　　　] [　　　　　]. He spoke only in English.

ミス注意 (3) A: Did you eat anything this morning?　　　　anything：〈疑問文で〉何か
    B: Yes. I [　　　　　] some bread and salad.

(4) A: Sorry, what did you say?
    B: I [　　　　　], "Sayonara." It means, "Goodbye."　　mean：～を意味する

4 【和文英訳】

次の日本文を英語にしましょう。

(1) 私は公園でたくさんの子どもを見ました。

_____

(2) ユリ（Yuri）は夕食後，英語を勉強しました。　　　　　　　　　～のあと：after ～

_____

(3) 私たちは彼の名前を知りませんでした。

_____

(4) あなたは昨日，何をしましたか。

_____

ハイレベル (5) だれがこの話を書いたのですか。　　　　　　　　　　　　話：story

_____

_____

5 【適文選択】

次の対話文の　　　に適する英文をア～エから選び，記号を○で囲みましょう。

(1) *A:* Did you see Emi today?

　　B: 　　　　　　 She's absent today.　　　　　　　　　　absent：欠席の

　　ア　Yes, she did.　　　　　　　　イ　No, I didn't.
　　ウ　I saw her in the library.　　　エ　No, I don't.

(2) *A:* What did Mr. Okada talk about?

　　B: 　　　　　　

　　ア　No, he didn't.　　　　　　　　イ　He talked about our school trip.
　　ウ　He talks about his dog.　　　　エ　Yes, he does.

入試レベル問題に挑戦

6 【英作文】

次のような場合，英語でどう言いますか。それぞれ書きましょう。

(1) 英文の手紙を友達に見せて，自分がこの手紙を書いたのだと言う場合。

_____

(2) 友達に，昨夜はテレビを見たかどうかをたずねる場合。

_____

💡 **ヒント**

(1)「私はこの手紙を書きました」，(2)「あなたは昨日の夜，テレビを見ましたか」という文を考えよう。

4 be動詞の過去形, 過去進行形

リンク
ニューコース参考書
中2英語
p.48〜53
p.58〜64

攻略のコツ wasとwereの使い分けに注意！

テストに出る！ 重要ポイント

● be動詞の 過去形	・主語がIまたは3人称単数　→ **was** ・主語がyouまたは複数　　→ **were** 　　I **was** tired. （私は疲れていました。） 　　They **were** busy. （彼らは忙しかった。）
● 否定文	● 否定文はbe動詞のあとに **not**。短縮形 **wasn't / weren't** がよく使われる。 　　I **wasn't** tired. （私は疲れていませんでした。）
● 疑問文	❶ 疑問文は **Was / Were** で文を始める。 ❷ 答えるときは was / were や wasn't / weren't を使う。
● 過去進行形	● **was / were 〜ing** で「〜していた」の意味。 　　I **was playing** the piano. （私はピアノを弾いていました。）
● 過去進行形の 否定文・疑問文	❶ 否定文は **wasn't / weren't** を使う。 ❷ 疑問文は **Was / Were** で文を始める。

Step 1　基礎力チェック問題

解答▶ 別冊p.6

1 【be動詞の過去形】
[　]内から適する語を選びましょう。

得点アップアドバイス

☑ (1) 私は昨日, とても忙しかった。
I [am / was / were] very busy yesterday.

☑ (2) 私の弟はそのとき8歳でした。
My brother [was / is / were] eight then.

☑ (3) 由美と麻里は図書室にいました。
Yumi and Mari [are / was / were] in the library.

☑ (4) 私たちはおなかがすいていました。
We [was / are / were] hungry.

☑ (5) 試験は難しかったです。
The exam [were / was / is] difficult.　試験：exam

☑ (6) 昨日はとても寒かった。
It [is / was / were] very cold yesterday.

1
(3) Yumi and Mari は複数の主語。

(5) the exam は3人称単数。

(6) **天気や寒暖についていうとき**
天気や寒暖, 時刻などについていうときは, 主語は it。

2 【be動詞の過去の否定文・疑問文】
[ ]に適する語を書きましょう。

- [✓] (1) ジムはそのとき空腹ではありませんでした。
  Jim [   ] hungry then.
- [✓] (2) リサと私は教室にはいませんでした。
  Lisa and I [   ] in the classroom.
- [✓] (3) 私は疲れていませんでした。
  I was [   ] tired.
- [✓] (4) あなたは今日，忙しかったですか。
  [   ] you busy today?
- [✓] (5) この前の日曜日は晴れていましたか。
  [   ] [   ] sunny last Sunday?

3 【過去進行形】
[ ]に適する語を書きましょう。

- [✓] (1) 私は居間でテレビを見ていました。
  I [   ] [   ] TV in the living room.
- [✓] (2) 母はそのとき，新聞を読んでいました。
  My mother [   ] [   ] the newspaper then.
- [✓] (3) 健二とマイクはサッカーをしていました。
  Kenji and Mike [   ] [   ] soccer.
- [✓] (4) 伊藤さんは6時に公園を走っていました。
  Mr. Ito [   ] [   ] in the park at six.

4 【過去進行形の否定文・疑問文】
[ ]に適する語を書きましょう。

- [✓] (1) 彼らはそのとき，勉強していませんでした。
  They [   ] [   ] then.
- [✓] (2) 私はピアノを弾いていたのではありません。
  I [   ] [   ] the piano.
- [✓] (3) 久美はお皿を洗ってはいませんでした。
  Kumi [   ] [   ] the dishes.
- [✓] (4) あなたは写真を撮っていたのですか。　写真を撮る：take a picture
  [   ] you [   ] pictures?
- [✓] (5) あなたのお母さんは台所で料理をしていたのですか。
  [   ] your mother [   ] in the kitchen?
- [✓] (6) あなたは何をしていたのですか。
  What [   ] you [   ]?

得点アップアドバイス

2
(1) 空所は1つ。

> notの位置はどこかな？

(5) 天気についていうときの主語に注意。

3

【-ing のつけ方】

動詞	つけ方
ふつう	-ing
e で終わる語	e をとって -ing
run, swim, begin など	最後の1字を重ねて -ing

(4) run（走る）を ing 形にするときはつづりに注意。

4
(1)〜(3) 進行形の否定文は，be 動詞のあとに not を入れる。空所の数に注意して短縮形を使う。

(6) what などの疑問詞の疑問文では，疑問詞のあとに疑問文を続ける。

1　♪【リスニング】
　　会話と，それに関する質問が流れます。質問の答えとしてもっとも適切なものを選びましょう。

(1)　ア　He was talking on the phone.
　　　イ　He was watching TV.
　　　ウ　He was cleaning his room.
(3)　ア　She was studying at that time.
　　　イ　She was not at home.
　　　ウ　She didn't want to watch it last night.

(2)　ア　The foods were delicious.
　　　イ　The beaches were beautiful.
　　　ウ　The local people were kind.

2　【適語選択】
　　[　　]内から適する語句を選びましょう。

(1)　My father [is / was / were] at home last Sunday.
(2)　Jim and Mike [wasn't / not / weren't] happy then.
(3)　It was [rain / raining / rained] this morning.
✓よくでる(4)　[Was / Were / Did] you listening to the radio?
(5)　Mari [wasn't doing / wasn't do / didn't doing] her homework.

3　【並べかえ】
　　次の日本文の意味を表す英文になるように，(　　)内の語句を並べかえましょう。
　　ただし，各問題の語句には使わないものが1つずつ含まれています。

(1)　その本はとてもおもしろかった。
　　　(interesting / is / was / very / the book)

_____

(2)　健二と私はこの前の日曜日，横浜にいました。
　　　(I / was / were / Yokohama / and / in / Kenji) last Sunday.

_____ last Sunday.

(3)　私は手紙を書いていたのではありません。
　　　(a letter / did / was / I / writing / not)

_____

(4)　うちのねこたちがテーブルの下で眠っていました。
　　　(the table / cats / was / were / sleeping / my / under)

_____

4 【対話文完成】
[   ]に適する語を入れて，会話文を完成させましょう。

ミス注意 (1) *A:* Were you happy at that time?

B: Yes, [   ] [   ].

(2) *A:* Was your grandmother a nurse?

B: No, [   ] [   ].   She was a teacher.

(3) *A:* Were you and Sayaka in the library?

B: Yes. [   ] [   ] doing our homework.

5 【和文英訳】
次の日本文を英語にしましょう。

(1) 私はそのときとても眠かった。   眠い：sleepy

_____

(2) その歌は有名ではありませんでした。   歌：song   有名な：famous

_____

(3) 彼らはテレビを見ていたのではありません。

_____

ハイレベル (4) その映画はどのくらいの長さでしたか。   映画：movie

_____

入試レベル問題に挑戦

6 【適文補充】
次の対話文中の空所(1)(2)に適する疑問文を，それぞれ書きましょう。

A: Did you watch the soccer game last night?

B: No, I didn't.

A: [(1)]

B: I was reading this book.

A: Oh, really?   [(2)]

B: It was very interesting.

(1) _____

(2) _____

> 💭 **ヒント**
>
> B の返答を手がかりに A がどういうことをたずねているかを考えよう。
> (1) B は何をしていたかを答えている。(2) B は読んでいた本の感想を答えている。

定期テスト予想問題 ①

出題範囲：過去形（一般動詞，be 動詞，過去進行形）

1 ♪【リスニング】イラストを参考に会話と応答を聞き，応答としてもっとも適切なものを選びなさい。 【6点×2】

(1)

(2)

(1)		(2)	

2 次の英文の[ ]内から適するものを選び，記号で答えなさい。 【3点×6】

(1) My father [ア is イ was ウ were] busy yesterday.

(2) I [ア wasn't イ don't ウ didn't] watch TV last night.

(3) We were [ア played イ play ウ playing] soccer then.

(4) [ア Did イ Was ウ Can] your mother live in Fukuoka twenty years ago?

(5) Kate didn't [ア ate イ eats ウ eat] breakfast this morning.

(6) Were you at home last Sunday?
　　── Yes, I [ア were イ was ウ did].

(1)		(2)		(3)		(4)		(5)		(6)	

3 次の日本文の意味を表す英文になるように， ＿＿に適する語を書きなさい。 【4点×10】

(1) 私たちは図書室で勉強をしました。

We ＿＿＿＿＿＿ in the library.

(2) サトシは先月，北海道へ行きました。

Satoshi ＿＿＿＿＿ ＿＿＿＿＿ Hokkaido last month.

(3) 私はそのとき本を読んでいました。

I ＿＿＿＿＿＿ ＿＿＿＿＿＿ a book at that time.

(4) 彼女は昨日，学校へ来ませんでした。

She ＿＿＿＿＿ ＿＿＿＿＿ to school yesterday.

(5) 昨夜8時にあなたはどこにいましたか。

＿＿＿＿＿ ＿＿＿＿＿ ＿＿＿＿＿ at eight last night?

(1)		(2)			(3)	
(4)			(5)			

4 次の対話文を読んで，あとの問いに答えなさい。 【計30点】

Ms. Brown: Hi, Yumi. Did you have a good weekend?

Yumi : Yes, I did. Kaori ①(come) to my house on Saturday.

We played video games and watched a DVD together.

Ms. Brown: That's nice. So you ②(have) a good time.

Yumi : Yes. (you / what / do / last / did) weekend?

Ms. Brown: I visited Kyoto. I saw some temples, and they were beautiful.

Yumi : Oh, that's nice.

video game：テレビゲーム　　temple：寺

(1) ①②の （　　）内の語を，適する形にかえなさい。 (6点×2)

(2) 下線部が「あなたはこの前の週末に何をしたのですか」という文になるように，(　　)内の語を並べかえなさい。 (9点)

(3) 本文の内容に合うように，次の質問に4語の英語で答えなさい。 (9点)

Where was Ms. Brown last weekend?

(1)	①		②	
(2)				weekend?
(3)				

5 未来の表し方

攻略のコツ be going to 〜 の文の語順がよく問われる！

テストに出る！ 重要ポイント

● **be going to 〜**
 ❶ 「〜するつもりだ」とすでに決まっている未来のことをいうときは，〈**be going to ＋動詞の原形**〉で表す。
 ❷ be 動詞は主語によって使い分ける。

● **否定文**
 ● 否定文は be 動詞のあとに **not**。
 I'm **not** going to play baseball tomorrow.
 （私は明日，野球をするつもりではありません。）

● **疑問文**
 ● 疑問文は **be 動詞で文を始める。**
 Are you going to play baseball tomorrow?
 （あなたは明日，野球をするつもりですか。）
 —— Yes, I am. （はい。）／ No, I'm not. （いいえ。）

● **will**
 ❶ will 〜で「〜します」「〜（する）でしょう」と未来に対する意志や予想を表す。will のあとは動詞の原形。
 ❷ I'll, you'll, he'll などの短縮形がよく使われる。
 ❸ 否定文：will のあとに **not**。will not の短縮形は **won't**。
 ❹ 疑問文：**Will で文を始める。** 答えでは will ／ won't を使う。

Step 1 基礎力チェック問題

解答 別冊p.8

1 【未来のことを述べる文】
[ ]内から適する語句を選びましょう。

☑(1) 私は次の日曜日，母を手伝うつもりです。
　I'm [going / going to / go to] help my mother next Sunday.

☑(2) 由美は明日，パーティーに来るでしょう。
　Yumi [does / is going / will] come to the party tomorrow.

☑(3) リサは明日，妹と買い物に行くつもりです。
　Lisa is going to [go / goes / going] shopping with her sister tomorrow.

☑(4) あなたは今夜，ジムに電話しますか。
　[Will you / Do you / Are you] call Jim tonight?

 **得点アップアドバイス**

1
(3) be going to のあとは，いつも動詞の原形。

be going to 〜と will はどうちがうかな？

2 【未来を表す否定文】
[　　　]に適する語を書きましょう。

☑ (1) 私たちは放課後，サッカーをするつもりではありません。
We're [　　　　　] [　　　　　　　] to play soccer after school.

☑ (2) 母は今夜は出かけないでしょう。
My mother [　　　　　] [　　　　　　] go out tonight.

☑ (3) 私は新しい自転車を買うつもりではありません。
I'm [　　　　] [　　　　　　] to [　　　　　] a new bike.

☑ (4) ジムと勇太は，明日は宿題をするつもりではありません。
Jim and Yuta [　　　　　] do their homework tomorrow.

☑ (5) 私たちは来週会議を開く予定ではありません。　会議：meeting
[　　　　] [　　　　　] [　　　　　] to have a meeting next week.

2
(1) we're なので，すでに be 動詞があることに注意。

(2) 空所の数に注意して語を入れること。

(4) 空所は 1 つしかない。

未来を表す語句
・tomorrow「明日」
・next ～「次の～」
　next week（来週）
　next Sunday
　（次の日曜日）

3 【未来のことをたずねる文】
[　　　]に適する語を書きましょう。

☑ (1) あなたは明日，部屋をそうじしますか。
[　　　　　] [　　　　　　　] clean your room tomorrow?

☑ (2) 久美は今夜，英語を勉強するつもりですか。
[　　　　　] Kumi [　　　　　] [　　　　　] study English tonight?

☑ (3) あなたの妹さんは，私たちの学校を訪れるつもりですか。
―― はい，そのつもりです。
[　　　　　] your sister [　　　　　] to visit our school? ―― Yes, she [　　　　].

☑ (4) あなたは来月，健二に会いますか。
―― いいえ，会いません。
[　　　　] you [　　　　] Kenji next month?
―― No, [　　　] [　　　].

☑ (5) あなたは冬休みに何をするつもりですか。
―― スキーをしに行くつもりです。
[　　　　] [　　　　　] you going to [　　　　] during the winter vacation?
―― I'm [　　　　] [　　　　] go skiing.

1 ♪【リスニング】
会話と，それに関する質問が流れます。質問の答えとしてもっとも適切なものを選びましょう。

(1) ア　She is going to go shopping.
　　イ　She is going to go to a library.
　　ウ　She is going to stay home.

(2) ア　He will cook curry.
　　イ　He will buy some vegetables.
　　ウ　He will eat out.

(3) ア　He will play soccer in the park.
　　イ　He will watch a soccer game.
　　ウ　He will play an online game.

2 【誤文訂正】
次の英文のまちがっている部分に下線を引き，右に書き直しましょう。

(1) 私はこの夏，祖父母を訪ねるつもりです。　　　　　　　祖父母：grandparents
　　I'm go to visit my grandparents this summer.　　[　　　　　　]

(2) あなたは放課後，宿題をしますか。
　　You will do your homework after school?　　　　[　　　　　　]

(3) ケンは，明日早起きしないでしょう。
　　Ken will not gets up early tomorrow.　　　　　[　　　　　　]

(4) 彼らはどのくらい野球を練習するつもりですか。
　　How long they are going to practice baseball?　[　　　　　　]

3 【英作文】
次の質問に（　　）の内容で答える文を書きましょう。

(1) Will your father wash his car tomorrow?（→はい）

_____

(2) Are you and Kumi going to have a party?（→いいえ）

_____

✓よくでる (3) What are you going to do next Saturday?（→買い物に行く）

_____

(4) Where is Mr. Jones going to visit in Japan?（→大阪を訪れる予定）

_____

4 【並べかえ】
次の日本文の意味を表す英文になるように，（　　）内の語句を並べかえましょう。
ただし，各問題に足りない語が１つずつあるので，それを補いましょう。

(1) 私は今夜，由香に電話をするつもりです。
(going / call / Yuka / I'm) this evening.

_____ this evening.

(2) ジムはパーティーに来る予定ですか。
(come / Jim / will / the party)

_____

ミス注意 (3) 彼らは明日，ビーチへ行くつもりです。　　　　　ビーチ：beach
(the beach / they're / go to / going) tomorrow.

_____ tomorrow.

5 【和文英訳】
次の日本文を英語にしましょう。

(1) 私たちは放課後サッカーをするつもりです。

_____

ミス注意 (2) 私は明日，集会に遅れます。　　　集会：the meeting　　〜に遅れる：be late for 〜

_____

✓よくでる (3) あなたは次の週末，何をするつもりですか。

_____

(4) ブラウンさん（Mr. Brown）は，来年は京都を訪れるつもりはありません。

_____

入試レベル問題に挑戦

6 【英作文】
次の掲示の下線部(1)(2)の内容を表す英文になるように，____ に適切な語句を書きましょう。

お知らせ
(1)次の日曜日，公園
の清掃を行います。
ぜひご参加ください。
(2)開始：午前８時

(1) We're _____ .

(2) It's _____ at 8 a.m.

🔆 ヒント
(1)「公園の清掃を行います」は「公園をそうじします」と考えよう。

6 助動詞

攻略のコツ don't have to と mustn't の使い分けがよく問われる！

テストに出る！ 重要ポイント

● **must**
❶ must 〜で「〜しなければならない」の意味。must のあとは動詞の原形。
❷ 否定文は must のあとに **not**。must not の短縮形は **mustn't**。「〜してはならない」の意味。疑問文は Must で文を始める。
You **must not** eat these foods.
（これらの料理を食べてはいけません。）

● **have to**
❶ have to 〜で「〜しなければならない」の意味。have to のあとは動詞の原形。主語が3人称単数のときは **has to**。
❷ 否定文は **don't[doesn't] have to** 〜の形。「〜しなくてよい」の意味。疑問文は **Do[Does] ... have to 〜?**。
You **don't have to** eat these foods.
（これらの料理を食べなくてもいいです。）

● **助動詞を使った表現**
Shall I 〜?（〜しましょうか）　Will you 〜?（〜してくれますか）
Could you 〜?（〜していただけますか）
You should 〜.（あなたは〜すべきだ）　※ should は（〜すべき）の意味

Step 1 基礎力チェック問題

解答▶ 別冊p.10

1 【must の文】
[　　]内から適する語句を選びましょう。

📈 得点アップアドバイス

☑(1)　あなたはサラダを食べなければなりません。
You [will / must / can] eat the salad.

☑(2)　私の弟は一生懸命に勉強しなくてはなりません。
My brother must [studies / study / studying] hard.

☑(3)　この絵にさわってはいけません。
You [mustn't / don't must / don't have to] touch this picture.

☑(4)　私たちは遅刻してはいけません。
We must [don't be / aren't / not be] late.

☑(5)　私は明日，来なければなりませんか。
[Do I must / Must I / Have I to] come tomorrow?

1 ‥‥‥‥‥‥‥‥
(3) must の否定文と have to の否定文は，意味がちがう。
(5) must の疑問文は，can や will などと同じ形。

2 【have to の文】
　[　]内から適する語句を選びましょう。

☑ (1)　私は宿題をしなければなりません。
　　　I [can / will / have to] do my homework.
☑ (2)　リサは朝食を作らなくてはなりません。
　　　Lisa [have to / has to / does] cook breakfast.
☑ (3)　あなたは私を待たなくてもいいです。　　　　　　　　～を待つ：wait for ～
　　　You [not have / have not / don't have] to wait for me.
☑ (4)　マイクは今日は早起きする必要がありません。
　　　Mike [doesn't have / won't / has not] to get up early today.
☑ (5)　私たちは英語を使わなければなりませんか。
　　　[Do / Are / Have] we have to use English?

3 【must と have to の使い分け】
　[　]に適する語を書きましょう。

☑ (1)　ここで大きな音を出してはいけません。
　　　You [　　　　　　] make big sounds here.
☑ (2)　私は今日，市役所に行かなければなりません。
　　　I [　　　　　][　　　　　　　　] go to the city hall today.
☑ (3)　私たちは，これらすべての問題を終わらせなければなりませんか。
　　　[　　　　　　] we [　　　　　　] to finish all these
　　questions?
☑ (4)　ここで食事をしてはいけませんよ，メグ。
　　　[　　　　　][　　　　　　] eat here, Meg.
☑ (5)　あなたはピアノの練習をしなくてもいいですよ。
　　　You [　　　　　　][　　　　　　] to practice the piano.

4 【助動詞を使った表現】
　　　□から[　]に適する語を選んで書きましょう。それぞれの語
　は1度しか使えません。

☑ (1)　ドアを開けましょうか。
　　　[　　　　　　] I open the door?
☑ (2)　手伝ってくれますか。
　　　[　　　　　　] you help me?
☑ (3)　もう一度言っていただけますか。〔ていねいな依頼〕
　　　[　　　　　　] you say that again?

> will　　shall　　could

得点アップアドバイス

2
(2)　Lisa は3人称単数の主語。

(3)～(5)　have to の否定文・疑問文は，一般動詞の否定文・疑問文と同じように，don't / doesn't や Do / Does を使う。

6　助動詞

3

> must と have to はどうちがうかな？

4
【Could you ～? などへの答え方】
・Sure.（もちろん。）
・Of course.（もちろん。）
・OK. / All right.（はい。）
・No problem.（いいですよ。）
・Sorry, I'm busy now.
　（ごめん，今忙しいです。）

29

1 🎵【リスニング】
イラストを参考に英文と応答を聞き，応答としてもっとも適切なものを選びましょう。

(1)  (2)

[　　]　　　　　　　　　　[　　]

2 【適語選択補充】
_____ に適する語句を，□から選んで書きましょう。語句は1度ずつしか使えません。

(1) あなたは宿題を終わらせなければなりません。
You _____ finish your homework.

(2) 健二は病院に行かなければなりません。
Kenji _____ go to the hospital.

(3) この箱を開けてはいけません。
You _____ open this box.

(4) ここにあなたの名前を書いていただけますか。
_____ you write your name here?

has to
must
could
mustn't

3 【適文選択】
次の質問に対する応答として適する英文をア～ウから選び，記号を○で囲みましょう。

(1) Do they have to clean their classroom?
　　ア　Yes, they do.　　イ　No, they haven't.　　ウ　Yes, they have.

(2) Do you have to study English after school?
　　ア　Yes, I do.　　イ　No, I won't.　　ウ　No, I'm not.

(3) Does Yuka have to get up early tomorrow?
　　ア　No, she haven't.　イ　Yes, she has.　　ウ　No, she doesn't.

ハイレベル (4) Must I read this book?
　　ア　No, you don't.　イ　No, you don't have to.　ウ　No, you aren't.

4 【並べかえ】
次の日本文の意味を表す英文になるように，（　　）内の語句を並べかえましょう。
<u>ただし，各問題の語句には使わないものが 1 つずつあります。</u>

(1) 私は夕食後，宿題をしなくてはなりません。
(my homework / dinner / I / will / after / do / have to)

_____

(2) 私たちは英語で話さなくてはなりません。
(we / in English / speak / have / must)

_____

ミス注意 (3) あなたは新しいノートを買う必要はありません。
(new / don't / mustn't / you / notebook / buy / a / have to)

_____

5 【和文英訳】
（　　）の語句を使って，次の日本文を英語にしましょう。

(1) 私たちは今夜，買い物に行かなければならないでしょうか。(have to)

_____

(2) 麻里（Mari）は自分の部屋をそうじしなくてはなりません。(must)

_____

(3) 今夜はテレビゲームをしてはいけません。(must)　　テレビゲームをする：play video games

_____

ハイレベル (4) 私たちは何時に来なければなりませんか。(have to)

_____

　入試レベル問題に挑戦　 ┄┄┄┄┄┄┄┄┄┄┄┄┄┄┄┄┄┄┄┄┄┄┄

6 【英作文】
次のような場合，英語でどう言いますか。それぞれ書きましょう。

(1) たくさんの本を運んでいる先生に，「手伝いましょうか」と申し出る場合。

_____

(2) 相手に「心配しなくていいよ」と声をかける場合。　　心配する：worry

_____

ヒント
(1) 主語が I の疑問文の表現。(2) 「あなたは〜しなくていい」という文を考えよう。

定期テスト予想問題 ②

出題範囲：未来の表し方，助動詞

1 ♪ 【リスニング】会話と，それに関する質問が流れます。質問の答えとしてもっとも適切なものを選びなさい。 【5点×3】

(1) ア She will do her math homework.
　　イ She will help Ryota with his homework.
　　ウ She will study math at school.

(2) ア She is going to leave for London.
　　イ She is going to buy things for travel.
　　ウ She is going to reserve a flight ticket.

(3) ア He is going to watch a movie.
　　イ He is going to buy a DVD.
　　ウ He is going to take an exam.

(1)		(2)		(3)	

2 次の日本文の意味を表す英文になるように，＿＿に適する語を書きなさい。 【3点×12】

(1) 真由美はもうすぐここに来るでしょう。
　　Mayumi ＿＿＿＿＿＿ be here soon.

(2) 彼らは来週，そのコンサートへ行きますか。
　　＿＿＿＿＿＿ they ＿＿＿＿＿＿ ＿＿＿＿＿＿ go to the concert next week?

(3) あなたたちは一生懸命勉強しなければなりません。
　　You ＿＿＿＿＿＿ ＿＿＿＿＿＿ hard.

(4) 彼女は今日，働かなければなりませんか。
　　＿＿＿＿＿＿ she ＿＿＿＿＿＿ ＿＿＿＿＿＿ work today?

(5) 私はロンドンに1週間滞在する予定です。
　　＿＿＿＿＿＿ ＿＿＿＿＿＿ ＿＿＿＿＿＿ stay in London for a week.

(1)		(2)		
(3)		(4)		
(5)				

3 次の英文の[ ]内から適するものを選び，記号で答えなさい。　　　【3点×6】

(1) Asuka［ ア have to　イ has to　ウ must to ］do her homework tonight.

(2) ［ ア Are　イ Do　ウ Will ］you going to play soccer after school?

(3) My brother must［ ア gets up　イ getting up　ウ get up ］early tomorrow morning.

(4) We［ ア won't　イ don't will　ウ not will ］come to school next Saturday.

(5) It'll［ ア is　イ was　ウ be ］sunny tomorrow.

(6) You［ ア not have to　イ don't have to　ウ have not to ］clean this room.

(1)		(2)		(3)		(4)		(5)		(6)	

4 次の対話文を読んで，あとの問いに答えなさい。　　　【計31点】

Tom: What's your plan for the summer vacation?

Yuji : ①(to / going / I'm / America / to / go)

Tom: Oh, really? That（　②　）be a good trip.

Yuji : I hope so. I have to study English hard before that.
　　　 Tom,（　③　）you help me?

Tom: Sure. I have a good book for you.

Yuji : Thank you. ④ I'll come to your house tomorrow.

(1) 下線部①が「私はアメリカに行く予定です」という意味になるように，（　　　）内の語を並べかえなさい。　　　(8点)

(2) （　②　）（　③　）の両方には，will または shall が共通して入ります。当てはまるほうを書きなさい。　　　(7点)

(3) 下線部④を，短縮形を使わない形で書き直しなさい。　　　(8点)

(4) 本文の内容に合うように，次の質問に3語の英語で答えなさい。　　　(8点)
　　Will Yuji give a book to Tom?

(1)		
(2)		
(3)		
(4)		

7 There is ～.

リンク
ニューコース参考書
中2英語
p.102〜108

攻略のコツ There に続く be動詞の使い分けがよく問われる！

テストに出る！ **重要ポイント**

● 「〜がいる［ある］」を
表す
There is / are 〜.

❶ 「…に〜がいる［ある］」 というときは,〈There is / are 〜 ＋**場所を表す語句.**〉で表す。There is の短縮形は **There's**。

❷ be動詞は主語（「〜」に入る語）によって使い分ける。

❸ 「〜がいました［ありました］」は, was / were を使う。

There is a dog under the tree.（木の下に犬が1匹います。）
There are two dogs under the tree.
（木の下に犬が2匹います。）

● 否定文

● 否定文は **be動詞のあとに not**。
There **isn't** a big park in my town.
（私の町には大きな公園がありません。）

● 疑問文

● 疑問文は **be動詞で文を始める**。
Is there a computer in your classroom?
（あなたの教室にコンピューターはありますか。）
—— Yes, **there is.**（はい。）／ No, **there isn't.**（いいえ。）

Step 1 基礎力チェック問題

解答 別冊 p.12

1 【There is / are 〜. の文】
[ ]内から適する語句を選びましょう。

☑(1) その公園には池があります。

There [was / is / are] a pond in the park.　　　　池：pond

☑(2) ベンチの上にねこが1匹いました。

There [did / were / was] a cat on the bench.

☑(3) テーブルの上にはグラスが3つあります。

There [are / were / is] three glasses on the table.

☑(4) 図書室には多くの生徒がいました。

There [was / are / were] many students in the library.

☑(5) 私の家のそばに書店があります。

There is [bookstores / bookstore / a bookstore] near my house.

得点アップアドバイス

1 ‥‥‥‥‥‥‥
(2) 主語は a cat（単数）で, 過去の文。

(4) 主語は複数で, 過去の文。

(5) be動詞が is であることに注目。

2 【There is / are ～. の文】
[   ]に適する語を書きましょう。

得点アップアドバイス

2
主語によってbe
動詞を使い分けよ
う。

(1) かべには2枚の絵がかかっています。　　　　　　　　かべ：wall
[　　　　　] [　　　　　　　] two pictures on the wall.

(2) 2年前ここにはレストランがありました。
[　　　　　] [　　　　　　　] a restaurant here two years ago.

(3) いすの下にかばんが1つあります。
[　　　　　] [　　　　　　　] a bag under the chair.

(4) 浜辺には数人の人がいました。　　　　　　数人［数個］の：a few
[　　　　　] [　　　　　　　] a few people on the beach.

(5) 私のグラスには水がいくらか入っています。
[　　　　　] [　　　　　　　] some water in my glass.

(5) water は数えられな
い名詞で，単数扱い。

3 【There is / are ～. の否定文】
[   ]に適する語を書きましょう。

3
(1) 否定文は be 動詞の
あとに not。空所の数か
ら短縮形を使う。
(2) 過去の否定文。

(1) 私の家の近くには店がありません。
[　　　　　] [　　　　　　　] a store near my house.

(2) 公園には子どもは1人もいませんでした。
[　　　　　] [　　　　　　　] any children in the park.

(3) その村には医師がいませんでした。
[　　　　　] [　　　　　　　] a doctor in the village.

(4) 空には雲ひとつありません。　　　　　　　　雲：cloud
[　　　　　] [　　　　　　　] any clouds in the sky.

(4) 否定文での any は
「1つ［1人］も～ない」
の意味。any のあとの数
えられる名詞は複数形。

4 【There is / are ～. の疑問文】
[   ]に適する語を書きましょう。

(1) かべに時計はかかっていますか。
[　　　　　] [　　　　　　　] a clock on the wall?

(2) 箱にはりんごが入っていましたか。
[　　　　　] [　　　　　　　] apples in the box?

4
(2) apples は複数。

(3) 体育館に生徒はいますか。
[　　　　　] [　　　　　　　] any students in the gym?

(3) 疑問文での any は
「1つ［1人］でも，い
くらかでも」の意味。

(4) ここに以前，花屋さんがありましたか。――いいえ，ありませんでした。
[　　　　　] [　　　　　　　] a flower shop here before?
―― No, [　　　　　] [　　　　　　　].

(5) 部屋にいすはいくつありますか。
[　　　　　] [　　　　　　　] chairs [　　　　　]
there in the room?

(5) 数をたずねる疑問
文。名詞は複数形を使う。

1 ♪【リスニング】
イラストの様子を説明している英文として，もっとも適切なものを選びましょう。

(1) [　　　]

(2) [　　　]

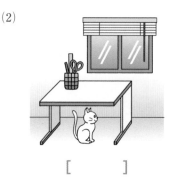

2 【適語選択】
[　]内から適する語句を選びましょう。

(1) There [is / are / was] a lot of people in the stadium.
(2) There [were / did / was] a big tree here before.　　　　before：以前は
(3) [Are / Did / Is] there any English books in the library?
(4) How many [students are there / are there students] in your class?

3 【適語補充】
[　]に適する語を書きましょう。

(1) 屋根の上にねこが2匹います。　　　　　　　　　　　　　　屋根：roof
　　[　　　　　] [　　　　　　] two [　　　　　] on the roof.
(2) この町には有名なお寺があります。　　　　　　　　　　　　寺：temple
　　[　　　　　] [　　　　　] [　　　　　] famous temple in this city.

ミス注意 (3) この辺りにいいレストランはありますか。
　　[　　　] [　　　　] [　　　　　] good restaurants around here?

4 【適文選択】
次の質問に対する返答として適する英文をア～ウから選び，記号を○で囲みましょう。

(1) Are there many monkeys in the zoo?
　　ア　Yes, they are.　　イ　No, they don't.　　ウ　Yes, there are.
(2) Was there an old house next to the bookstore?　　next to ～：～のとなりに
　　ア　Yes, there were.　　イ　No, there wasn't.　　ウ　No, it wasn't.
(3) How many girls are there in your group?　　group：グループ
　　ア　No, there aren't.　　イ　There are three.　　ウ　Yes, they're ten.

5 【並べかえ】

次の日本文の意味を表す英文になるように，（　　）内の語句を並べかえましょう。

(1) 私の家の近くに川があります。
（ is / near / a river / my house / there ）

_____

(2) 京都には美しい場所がたくさんあります。
（ places / are / a lot of / there / beautiful ）in Kyoto.

_____ in Kyoto.

(3) かべには何枚の絵がかかっていますか。
（ are / pictures / the wall / how many / there / on ）

_____

6 【和文英訳】

次の日本文を英語にしましょう。

(1) 箱の中にボールが3つ入っていますか。

_____

(2) 図書館の近くに美術館が1つありました。　　　〜の近くに：near 〜　　美術館：museum

_____

ミス注意 (3) 私の父の部屋にはマンガが1冊もありません。　　　マンガ(本)：comic book

_____

入試レベル問題に挑戦

7 【英作文】

There is 〜. または There are 〜. を使い，下の絵について「…に〜があります。」と説明する英文を2つ書きましょう。否定文でもかまいません。

・_____

_____

・_____

_____

☀ **ヒント**
「テーブルの上に／かべに／部屋に〜があります」や「…には〜が（1つも）ありません」などの文が考えられる。

8 動詞と文型①（look, becomeなど）

攻略のコツ look と look like の使い分けがよく問われる！

テストに出る！ 重要ポイント

● **「〜に見える」を表す look** ❶ 「○○が〜に見える」というときは〈主語 look 〜〉で表す。look のあとには形容詞が続く。

You **look** happy.（あなたは幸せそうに見えます。）

❷ 名詞を使って「〜のように見える」というときは **look like** 〜で表す。

That building **looks like** a school.

（あの建物は学校のように見えます。）

● **「〜になる」を表す become** ● 「○○が〜になる」というときは〈主語 become 〜〉で表す。become のあとには名詞または形容詞が続く。

She **became** a doctor.（彼女は医者になりました。）

● **その他の動詞** ● look や become の仲間の動詞には，ほかに以下のようなものがある。どれもあとには形容詞が続く。

get 〜	〜になる	sound 〜	〜に聞こえる
taste 〜	〜な味がする	feel 〜	〜に感じる

I **got** tired.（私は疲れました。〈疲れた状態になった〉）

His idea **sounds** good.（彼のアイデアはよさそうです。）

Step 1   基礎力チェック問題

解答 別冊p.14

1 【look 〜 の文】
[　　]内から適する語句を選びましょう。

☑ (1) あなたは疲れているように見えます。
You [look at / look / look like] tired.

☑ (2) ジムの自転車は新しそうに見えます。
Jim's bike [look new / is new / looks new].

☑ (3) あの岩は犬のように見えます。　　　　　　岩：rock
That rock [looks / looks like / looks at] a dog.

☑ (4) 彼らは悲しそうでした。
They looked [like sad / sad / sad boys].

得点アップアドバイス

1 ....
(2) Jim's bike は3人称単数の主語。

(3) a dog という名詞を使って「〜のように見える」といっている文。

2

【look 〜，become 〜 などの使い方】

[   ]内から適する語句を選びましょう。

☑ (1) 彼は歌手になりました。

He [looked / became / got] a singer.

☑ (2) あなたのお母さんは若く見えます。

Your mother [looked / looking / looks] young.

☑ (3) 外が暗くなってきています。　　　　　　外で：outside　暗い：dark

It's [feeling / getting / looking] dark outside.

☑ (4) 私は暖かく感じます。

I [feel warm / am warm feel / warm feel].

☑ (5) 〈相手の話を聞いて〉それはいいですね。

That [hears / sounds / listens] nice.

☑ (6) 彼らは有名になるでしょう。

They will [become famous / be become famous / get a famous].

☑ (7) その川の水はおいしかった。

The water of the river [looked / sounded / tasted] good.

☑ (8) その絵は写真のように見えました。　　　　絵：painting　写真：photo

The painting [looked like / looked / look liked] a photo.

3

【look 〜，become 〜 などの動詞】

□□から[   ]に適する語句を選び，必要なら語の形を変えて書きましょう。それぞれの語句は１度しか使えません。

☑ (1) この部屋で寒く感じますか。

Do you [　　　　　　　] cold in this room?

☑ (2) 由美は人気の作家になりました。

Yumi [　　　　　　　] a popular writer.

☑ (3) そのチョコレートは苦い味がします。　　　　苦い：bitter

The chocolate [　　　　　　　] bitter.

☑ (4) グリーン先生はそのとき悲しそうに見えました。

Ms. Green [　　　　　　　] sad then.

☑ (5) あなたの計画はおもしろそうです。

Your plan [　　　　　　　] interesting.

☑ (6) あの雲はクジラのように見えます。　　　　雲：cloud　クジラ：whale

That cloud [　　　　　　　] a whale.

☑ (7) なぜ健二は怒ったのですか。

Why did Kenji [　　　　　　　] angry?

become	look	feel	sound	get	look like	taste

得点アップアドバイス

2

(1) a singer という名詞が続いていることに注目。

「それはいいですね」は「それはよさそうに聞こえます」という文にしよう。

look と look like

look 〜（形容詞）で「〜に見える」の意味。

look like 〜（名詞）で「〜のように見える」の意味。

3

(2) a popular writer は名詞。

(3) chocolate は３人称単数の主語。

(5) 「おもしろく聞こえます」と考える。

(7) 「怒った状態になった」と考える。

39

1　♪【リスニング】
イラストを参考に英文と応答を聞き，応答としてもっとも適切なものを選びましょう。

(1)　
[　　　]

(2)
[　　　]

2　【適語補充】
[　　]に適する語を書きましょう。

(1)　その本は古そうに見えました。
The book [　　　　　][　　　　　　].
(2)　〈相手の提案を聞いて〉あなたのアイデアはすばらしそうですね。
Your idea [　　　　　] great.
(3)　ジョーンズさんは教師になりませんでした。
Mr. Jones didn't [　　　　　] a [　　　　　].
(4)　そのカレーはおいしいですか。
Does the curry [　　　　　] good?
(5)　その人形は本物の赤ちゃんのように見えます。　　人形：doll　本物の：real
The doll [　　　　　][　　　　　　] a real baby.

3　【並べかえ】
次の日本文の意味を表す英文になるように，（　　）内の語句を並べかえましょう。
ただし，各問題の語句には使わないものが１つずつ含まれています。

(1)　これらのケーキはとてもおいしそうに見えます。　　とてもおいしい：delicious
(cakes / like / look / delicious / these)

ミス注意 (2)　彼は有名なサッカー選手になりました。
(famous / he / a / got / became / soccer player)

(3)　〈相手の話を聞いて〉それはおもしろそうですね。
(sounds / that's / that / interesting)

4 【適文選択】

〔　　〕の場面で次のように言う場合，適する英文をア〜ウから選びましょう。

(1) 〔新しい服を着てみせて〕どう見えますか。（似合いますか。）

　　ア　What do you see?　イ　How are you?　　　ウ　How do I look?

(2) 〔相手の話に対して〕それはいいですね。

　　ア　It becomes good.　イ　That sounds nice.　　ウ　That tastes nice.

(3) 〔病気の友人を見舞って〕気分はどうですか。

　　ア　How do you feel?　イ　What do you think?　ウ　How do you like it?

5 【和文英訳】

（　　）の語を使い，次の日本文を英語にしましょう。語の形はかえてもかまいません。

(1) 彼女の歌はとても人気になりました。（ become ）　　　　　　　　人気の：popular

_____

✓よくでる (2) 彼らはとても幸せそうです。（ look ）

_____

(3) 麻里（Mari）はもうすぐよくなるでしょう。（ get ）　　　よく→健康で：well

_____

ミス注意 (4) その男性は警察官のように見えましたか。（ look ）　　警察官：a police officer

_____

入試レベル問題に挑戦

6 【和文英訳】

次の対話文中の下線部(1)(2)を，それぞれ（　　）の語を使って英語にしましょう。

Father: Hi, Mike. (1) 疲れているようだね。（ look ）

Son : Yeah, Dad. I practiced soccer hard today.

Father: I see. You have a game soon, right?

Son : Yes. Next week.

Father: Don't worry. (2) きみはレギュラー選手になれるよ。（ become ）

Son : Thanks. I hope so.　　レギュラー選手：a regular player　　I hope so.：そうだといいですが。

(1) _____

(2) _____

💡 ヒント

(1)「あなたは疲れているように見える」と考える。(2)「きみは…になれる」は「あなたは…になることができる」と考える。

9 動詞と文型② (give, tell など)

攻略のコツ 〈give A B〉などの語順がよく問われる！

テストに出る！ **重要ポイント**

● 「A に B をあげる」を
　表す give
　● 「A に B をあげる」というときは 〈**give A B**〉 で表す。give
　　のあとの 〈A(に)→B(を)〉 の語順に注意。
　　I **gave** her a CD. (私は彼女に CD をあげました。)

● 「A に B を伝える」を
　表す tell
　● 「A に B を伝える，教える」というときは 〈**tell A B**〉 で表
　　す。tell のあとは 〈A(に)→B(を)〉 の語順。
　　I **told** him the news. (私は彼にそのニュースを教えました。)

● 「A に B を見せる」を
　表す show
　● 「A に B を見せる」というときは 〈**show A B**〉 で表す。
　　show のあとは 〈A(に)→B(を)〉 の語順。
　　I'll **show** you some pictures.
　　(私はあなたに写真を何枚か見せます。)

● その他の動詞
　● give や tell の仲間の動詞には，以下のようなものがある。

teach	A に B を教える	buy	A に B を買う
send	A に B を送る	make	A に B を作る

● 同意文への
　書きかえ
　❶ 〈give A B〉 → 〈give B **to** A〉 … tell, show, teach, send もこ
　　　　　　　　　　　　　　　　　　　　の形
　❷ 〈buy A B〉 → 〈buy B **for** A〉 … make もこの形

Step 1　基礎力チェック問題

解答 別冊 p.15

1 【give などの文】
　[　]内から適する語句を選びましょう。

☑ (1) 由美は私にノートを見せてくれました。
　　Yumi showed [I / me / my] her notebook.
☑ (2) 彼は私たちにその話をしてくれました。
　　He told [the story us / us the story].
☑ (3) あなたにこの本をあげよう。
　　I'll give [you this book / this book you].
☑ (4) 母が私にかばんを買ってくれました。
　　My mother bought a bag [to / from / for] me.

得点アップアドバイス

1
(1) show などのあとに
くる代名詞は「〜に，〜
を」を表す形。

動詞によって to と
for を使い分けるよ。

2 【give などの文】

□から[　]に適する語を選び，必要なら形をかえて書きましょう。それぞれの語は1度しか使えません。

☑ (1) おじが私にこのカメラをくれました。
My uncle [　　　　　　　] me this camera.

☑ (2) 真希は私たちに彼女の犬を見せてくれました。
Maki [　　　　　　　] us her dog.

☑ (3) 駅への道を教えてくれますか。　　　　　　　道：way
Can you [　　　　　　　] me the way to the station?

☑ (4) クラーク先生は私たちに英語を教えています。
Ms. Clark [　　　　　　] us English.

show	give	tell	teach

2
「教える」を表す言葉
「教える」はふつう，情報を伝えるという意味では tell，知識や技術を教えるという意味では teach を使う。
(4) 主語は3人称単数。

3 【give などの文の語順】

(　　)内の語句を並べかえて，＿＿＿に書きましょう。

☑ (1) あなたの写真を見せてください。
Please (me / show / your pictures).

Please ＿＿＿＿＿＿＿＿＿＿＿＿＿＿.

☑ (2) 私は自分の住所を恵美に教えました。　　　　住所：address
I (my address / Emi / told).

I ＿＿＿＿＿＿＿＿＿＿＿＿＿＿.

☑ (3) 彼女はジムにチョコレートをあげるでしょう。
She'll (give / chocolate / Jim).

She'll ＿＿＿＿＿＿＿＿＿＿＿＿＿＿.

☑ (4) 勇太のお父さんは彼に腕時計を買ってあげました。
Yuta's father (a watch / him / bought).

Yuta's father ＿＿＿＿＿＿＿＿＿＿＿＿.

3
動詞のあとの語順
動詞のあとは〈A（に）→B（を）〉の語順。

(2) この「教える」は情報を伝えるという意味なので tell を使う。過去形は told。

(4) buy の「AにBを買う」の使い方とともに，過去形 bought も正しく覚えること。

4 【同意文への書きかえ】

各組の文がほぼ同じ内容を表すように，[　]に適する語を書きましょう。

☑ (1) { My sister gave me her dictionary.
{ My sister gave her dictionary [　　　] [　　　].

☑ (2) { Lisa made us curry last night.
{ Lisa made [　　　] [　　　] us last night.

4
〈A（に）→B（を）〉の語順を入れかえるときは to か for を使う。give と make では，使う語がちがう。

1 ♪【リスニング】
イラストを参考に英文と応答を聞き，応答としてもっとも適切なものを選びましょう。

(1)

[　　　]

(2)

[　　　]

2【適語選択】
[　　]内から適する語句を選びましょう。

(1) 私は麻里に私のねこを見せました。
I [watched / showed / looked] Mari my cat.

(2) 私たちは祖父母に写真を何枚か送ります。
We will [sent / send / sending] our grandparents some pictures.

ミス注意 (3) あなたのEメールアドレスを私に教えてください。
Please [teach / tell / say] me your e-mail address.

✓よくでる (4) コーチは私たちにアドバイスをくれました。　　　　　アドバイス：advice
Our coach gave [us some advice / some advice us / some advice for us].

(5) 父は私にTシャツを買ってくれました。
My father bought [a T-shirt me / a T-shirt for me / a T-shirt to me].

3【適語補充】
[　　]に適する語を書きましょう。

✓よくでる (1) あなたにこのペンをあげましょう。
I'll give [　　　　　] [　　　　　] [　　　　　].

(2) マイクは私に彼の自転車を見せてくれました。
Mike showed [　　　　　] [　　　　　] [　　　　　].

(3) 佐藤先生は去年，私たちに国語を教えていました。
Mr. Sato [　　　　　] [　　　　　] [　　　　　] last year.

(4) 彼女はあなたに名前を教えてくれましたか。
Did she [　　　　　] [　　　　　] her [　　　　　]?

(5) 母が私にこのセーターを作ってくれました。　　　　　セーター：sweater
My mother [　　　　　] [　　　　　] this [　　　　　].

4 【並べかえ】
次の日本文の意味を表す英文になるように，（　　）内の語句を並べかえましょう。

(1) 旅行中，私は友人たちにはがきを何枚か送りました。　　　　　はがき：postcard
　　During the trip, (sent / my friends / postcards / I / to / some).

　　During the trip,_____.

✓よくでる (2) 図書館への道を教えてくれますか。　　　　　　　　　　　道：the way
　　(you / the library / tell / me / can / to / the way)

　　_____

ハイレベル (3) 私はあなたにこの写真を見せたくありません。
　　(to / don't / show / I / picture / want / you / this)

　　_____

5 【和文英訳】
次の日本文を英語にしましょう。

✓よくでる (1) 私は彼女にかわいいカップをあげます。（will を使って）

　　_____

(2) 父は私にコンピューターを買ってくれませんでした。

　　_____

(3) 久美（Kumi）が私たちにおもしろい話をしてくれました。

　　_____

入試レベル問題に挑戦 ....

6 【並べかえ】
次の英文を読み，下線部(1)(2)の（　　）内の語句を並べかえて，意味の通る英文にしましょう。

　　It was my birthday today. (1)(a watch / gave / my mother / me) It was cool, and I liked it. In the evening, I got an e-mail from John, our friend in America. He said: "Happy birthday! I'm going to visit Japan in summer, so I can see you." I became really happy. (2)(the news / my friends / I'll / to / tell) tomorrow. They will be happy, too.

(1) _____

(2) _____ tomorrow.

　　ヒント
　　(2) 与えられている語をすべて使うようにしよう。

10 動詞と文型③ （call, makeなど）

攻略のコツ 「AをBと呼ぶ」を表す 〈call *A B*〉 などの語順がよく問われる！

テストに出る! 重要ポイント

● 「AをBと呼ぶ」を表す call

● 「AをBと呼ぶ」というときは 〈call *A B*〉 で表す。call のあとの語順に注意。

I **call** her Akko.（私は彼女をアッコと呼びます。）

● 「AをBと名づける」を表す name

● 「AをBと名づける」というときは 〈name *A B*〉 で表す。

We **named** the dog Shiro.

（私たちはその犬をシロと名づけました。）

● 「AをBにする」を表す make

● 「AをBにする」というときは 〈make *A B*〉 で表す。

The song **made** us happy.

（その歌は私たちを幸せにしました。）

● いろいろな文型のまとめ

❶ 「○○は〜に見える」 などの文

　…〈主語 動詞 〜〉の語順。「主語 = 〜」の関係。

You look happy.（あなたはうれしそうに見えます。）

❷ 「AにBをあげる」 などの文

　…〈動詞 *A B*〉 の語順。動詞のあとに目的語が2つ続く。

I'll give you a book.（あなたに本をあげます。）

❸ 「AをBと呼ぶ」 などの文 …〈動詞 *A B*〉 の語順。「A = B」

We call him Taku.

（私たちは彼をタクと呼びます。）

Step 1 基礎力チェック問題

解答▶ 別冊p.17

1 【call などの文】
　　 [　]内から適する語を選びましょう。

☑ (1) 私たちは彼女をベッキーと呼びます。
　　 We [say / tell / call] her Becky.

☑ (2) 両親は彼らの赤ちゃんを詩織と名づけました。
　　 The parents [called / named / made] their baby Shiori.

☑ (3) あなたたちは彼をケンと呼んでいますか。
　　 Do you call [he / his / him] Ken?

☑ (4) リサの手紙は私たちをうれしくさせました。
　　 Lisa's letter [made / became / did] us happy.

得点アップアドバイス

1 ....

あとにくる代名詞は「〜を」を表す形だね。

2 【call などの文】

□から[　]に適する語を選び，必要なら形をかえて書きましょう。□の語は何度使ってもかまいません。

- ☑(1) その映画が彼を有名にしました。
  The movie [　　　　　　] him famous.
- ☑(2) 私は典子です。ノリと呼んでください。
  I'm Noriko.　Please [　　　　　　] me Nori.
- ☑(3) 私はこのねこをモモと名づけます。
  I'll [　　　　　　] this cat Momo.
- ☑(4) 彼のホストファミリーは彼をマサと呼びました。
  His host family [　　　　　　] him Masa.
- ☑(5) ミラー博士は彼のロボットを何と名づけたのですか。
  What did Dr. Miller [　　　　　　] his robot?

> call
> make
> name

3 【call などの文の語順】

(　　)内の語句を並べかえて，＿＿＿に書きましょう。

- ☑(1) 私たちはうちの鳥をピーちゃんと呼んでいます。
  We (our bird / call / Pi-chan).

  We ＿＿＿＿＿＿＿＿＿＿＿＿＿＿＿＿＿＿ .
- ☑(2) 勇太の言葉は彼女を怒らせました。
  Yuta's words (angry / made / her).

  Yuta's words ＿＿＿＿＿＿＿＿＿＿＿＿＿ .
- ☑(3) 彼らは彼らのチームをラビッツと名づけるつもりです。
  They're going to (the Rabbits / their team / name).

  They're going to ＿＿＿＿＿＿＿＿＿＿＿ .

4 【いろいろな文型の文】

[　]に適する語を書きましょう。

- ☑(1) 私たちは彼女を由香（Yuka）と呼びます。
  We [　　　　　] [　　　　　　　] Yuka.
- ☑(2) 由香は悲しそうです。
  Yuka [　　　　　] [　　　　　].
- ☑(3) 私は由香にそのニュースを教えました。
  I [　　　　　] [　　　　　　　] the news.
- ☑(4) そのニュースは由香を悲しませました。
  The news [　　　　　] [　　　　　] [　　　　　].

得点アップアドバイス

2
(1) 過去形のつづりに注意。

(3) I'll (＝ I will) は「私は（これから）〜します」と，その場で「〜する」と決めたことを述べているイメージ。

(5) 〈name A B〉の B が何かをたずねる文。

3
動詞のあとの語順
動詞のあとには「〜を」にあたる語がくる。

(2) 「怒らせた」は「怒った状態にした」と考えてmake で表す。

【call や make の仲間の動詞】
・〈keep A B〉
　（A を B にしておく）
・〈find A B〉
　（A が B とわかる）

4
(2) 「悲しそうに見える」と考える。

1 ♪【リスニング】
会話と，それに関する質問が流れます。質問の答えとしてもっとも適切なものを選びましょう。

(1) ア　His nickname is Laura.
　　イ　He doesn't have a nickname.
　　ウ　People call him Ken.

(2) ア　George's words made Saki angry.
　　イ　Saki and George looked very happy.
　　ウ　George is not at school today.

(3) ア　The title of a textbook.
　　イ　A kind of graph.
　　ウ　Traditional food.

2【適語選択】
[　]内から適する語句を選びましょう。

(1) 彼らは息子をケビン（Kevin）と名づけました。
　　They named [their son Kevin / Kevin their son].

ミス注意 (2) その歌で彼らは人気を得ました。
　　The song made [popular them / they popular / them popular].

(3) 私はふだん，彼をシンと呼んでいます。
　　I usually [calling him Shin / call him Shin / call Shin him].

(4) あなたのメールは彼女をうれしくさせるでしょう。
　　Your e-mail will [look her happy / make her happy / she looks happy].

3【適語補充】
[　]に適する語を書きましょう。

(1) その話は彼らを悲しくさせました。
　　The story [　　　　　] them [　　　　　].

✓よくでる (2) 私はロバートです。ロブ（Rob）と呼んでください。
　　I'm Robert.　Please [　　　　　] [　　　　　] [　　　　　].

(3) このねこをタマと名づけよう。
　　Let's [　　　　　] [　　　　　] [　　　　　] Tama.

ハイレベル (4) あなたたちはあの鳥を英語で何と呼びますか。
　　[　　　　　] do [　　　　　] [　　　　　] that bird in English?

4 【並べかえ】
次の日本文の意味を表す英文になるように，（　　）内の語句を並べかえましょう。

(1) 彼らはその犬をチビ（Chibi）と名づけました。
（ named / Chibi / they / the dog ）

_____

(2) 私の友達は私を久美（Kumi）と呼んでいます。
（ me / friends / call / my / Kumi ）

_____

(3) その女優はドラマをおもしろくするでしょう。　　　　　　　女優：actress
（ will / the drama / the actress / make / interesting ）

_____

5 【和文英訳】
次の日本文を英語にしましょう。

(1) ケン（Ken）は彼の妹をマミ（Mami）と呼んでいます。

_____

(2) そのニュースは私たちをわくわくさせました。　　　　　　わくわくした：excited

_____

入試レベル問題に挑戦

6 【和文英訳】
次の英文は，ある中学生が，自分の家にホームステイをしている男の子と出かけたときのことを述べたものです。英文中の下線部(1)(2)の日本文を，（　　）内の語を使って英語にしましょう。必要なら語の形をかえましょう。

　An American boy is staying with us now. His name is Mike. One day I said to him: "Let's go to the zoo tomorrow. We can see pandas there." (1) <u>それは彼を喜ばせました。</u> (make) The next day we saw pandas and other animals at the zoo. Mike stopped in front of the cage of tigers and pointed at them. He asked, "(2) <u>この動物を日本語では何て言うんだい。</u> (call)" I answered, "Tora."

　　　　　　　one day：ある日　　in front of ～：～の前で　　cage：おり　　point at ～：～を指さす

(1) _____

(2) _____

💡 **ヒント**
(2) 「あなたたちは」という主語を補って考えよう。

49

定期テスト予想問題 ③

出題範囲：There is 〜., look・become, give・tell, call・make

1 ♪【リスニング】イラストを参考に英文と応答を聞き，応答としてもっとも適切なものを選びなさい。　　【6点×2】

(1)　　　　　　　　　　　　　　　　　　　　　(2)

(1)		(2)	

2 次の英文の[　　]内から適するものを選び，記号で答えなさい。　　【3点×3】

(1)　There [ア are　イ was　ウ were] many students in the library yesterday.
(2)　We call [ア his　イ him　ウ he] Bobby.
(3)　My mother bought [ア a bag me　イ me to a bag　ウ me a bag].

(1)		(2)		(3)	

3 次の日本文の意味を表す英文になるように，＿＿に適する語を書きなさい。　　【3点×6】

(1)　上野先生はとても忙しそうです。
　　Mr. Ueno ＿＿＿＿＿＿ very busy.
(2)　2年前，ここには古い家があったのですか。
　　＿＿＿＿＿＿ ＿＿＿＿＿＿ an old house here two years ago?
(3)　祖母が私にこのゆかたをくれました。
　　My grandmother ＿＿＿＿＿＿ this *yukata* ＿＿＿＿＿＿ ＿＿＿＿＿＿.

(1)		(2)	
(3)			

4 次の（ ）内の語句を並べかえて，意味の通る文を完成しなさい。　　　【8点×4】

(1) （ cold / it / very / will / get ）tonight.
(2) Could you（ the / tell / to / me / way ）the station?
(3) （ singer / she'll / a / become / popular ）
(4) （ chairs / in / there / how / are / the room / many ）

(1)		tonight.
(2)	Could you	the station?
(3)		
(4)		

5 次の対話文を読んで，あとの問いに答えなさい。　　　【計29点】

Masahiro: Hi. I'm Masahiro. I'm from Japan.
　　　　　　① <u>ぼくをマサ（Masa）と呼んでください。</u>
Sam : Oh, you're the new student from Japan. Hi, Masa. I'm Sam.
Masahiro: Nice to meet you, Sam. Oh, you have a nice watch.
Sam : Thanks. ② <u>父がぼくにこの時計をくれたんだ。</u>
Masahiro: That's nice. By the way, who is that girl by the door?
Sam : That's Ms. Smith. ③ <u>She's our music teacher.</u>
Masahiro: Oh, is she a teacher? She ④ young.
Sam : Yeah, she was a university student last year.

by the way：ところで　　university：大学

(1) 下線部①②の日本文を英語にしなさい。　　　（8点×2）
(2) 下線部③の英文を，teach を使って書きかえなさい。　　　（8点）
(3) ④ に入る語を下から選び，必要なら形をかえて書きなさい。　　　（5点）
〔 become, look, see 〕

(1)	①	
	②	
(2)		(3)

51

11 不定詞① 「〜するために」

攻略のコツ 〈to＋動詞の原形〉では，動詞はつねに原形であることに注意！

テストに出る! 重要ポイント

● 不定詞とは
- ❶ 〈to＋動詞の原形〉を不定詞という。
- ❷ おもな働き・「〜するために」「〜して」を意味する
  - ・「〜すること」を意味する
  - ・「〜するための」の意味で名詞を修飾する

● 「〜するために」を表す to 〜
- ● 〈to＋動詞の原形〉で「〜するために」の意味を表す。動作の目的や理由を表す働き。
  I got up early **to make breakfast**.
  （私は朝食を作るために早く起きました。）

● 感情の原因を表す to 〜
- ● happy などの感情を表す形容詞のあとに〈to＋動詞の原形〉を続けると，「〜して」と感情の原因を表す。
  I'm happy **to hear that**.（私はそれを聞いてうれしいです。）

● Why 〜? に対する To 〜.
- ● Why 〜?（なぜ〜か）の質問に対して To 〜.（〜するために）で答えることがある。

Step 1 基礎力チェック問題

解答 別冊p.19

1 【不定詞の形】
[ ]内から適する語句を選びましょう。

☑ (1) 私は勉強するために図書館へ行きます。
I go to the library [study / to study / to studied].

☑ (2) 父は，朝食を作るために早起きしました。
My father got up early to [makes / made / make] breakfast.

☑ (3) グリーン夫妻は，お寺を見に京都を訪れました。
Mr. and Mrs. Green visited Kyoto [to see / to saw / seeing] temples.

☑ (4) あなたに会ってうれしいです。
I'm glad [for meet / meet / to meet] you.

☑ (5) 彼らはそのニュースを聞いて，悲しみました。
They were sad to [heard / hears / hear] the news.

得点アップアドバイス

1
(2) 不定詞の形は，主語や現在，過去などに関係なく，いつも同じ。

(4)(5) to 〜は感情を表す形容詞に続いて，「〜して」と感情の原因を表す。

2 【「〜するために」を表す to 〜】

□の語を使って，_____に適する語句を書きましょう。

☑ (1) ケンは公園を走るために早起きしました。

Ken got up early _____ in the park.

☑ (2) 私はゲームをするためにそのコンピューターを使います。

I use the computer _____ games.

☑ (3) 由香と久美は私の犬を見に来ました。

Yuka and Kumi came _____ my dog.

☑ (4) 私たちは博物館へ行くためにバスに乗りました。

We took a bus _____ to the museum.

☑ (5) 姉は医師になるために一生懸命勉強しています。

My sister is studying hard _____ a doctor.

| see | run | become | go | play |

得点アップアドバイス

2

「〜しに」は「〜するために」と考えよう。

become は「〜になる」という意味。
(→ p.38)

11 不定詞①〔〜するために〕

3 【感情の原因を表す to 〜】

□の語を使って，_____に適する語句を書きましょう。

☑ (1) 私はそれを聞いてうれしいです。

I'm _____ hear that.

☑ (2) 私たちはその事故のことを聞いて気の毒に思います。　　事故：accident

We're _____ hear about the accident.

☑ (3) 私は友達にさようならを言って悲しかった。

I was _____ say goodbye to my friends.

☑ (4) 青木先生はその写真を見て驚きました。

Ms. Aoki was _____ see the picture.

| sad | happy | surprised | sorry |

3

感情を表す形容詞のあとに to 〜を続けると、「〜してうれしい」など感情の原因を表すことができる。

sorry には「すまなく思って」と「気の毒に思って」という意味がある。

4 【Why 〜? への答えとしての To 〜.】

_____に適する語句を入れて，次の対話文を完成しましょう。

☑ (1) なぜあなたは早く帰ったのですか。―― 母を手伝うためです。

Why did you go home early?

―― _____ my mother.

☑ (2) なぜマイクはその本を読んでいるのですか。

―― 日本の歴史について学ぶためです。　　歴史：history

Why is Mike reading the book?

―― _____ about Japanese history.

4

Why 〜? に対して、To 〜.（〜するために）で目的を答えることができる。

実力完成問題　　解答　別冊p.20

1 ♪【リスニング】
会話と，それに関する質問が流れます。質問の答えとしてもっとも適切なものを選びましょう。

(1)　ア　To water some flowers.
　　　イ　To study with his friend.
　　　ウ　To clean his classroom.
(2)　ア　Sayaka is excited to hear about a concert.
　　　イ　Sayaka is upset to hear about an accident.
　　　ウ　Sayaka is surprised to hear about a scandal.
(3)　ア　To see a lot of temples.
　　　イ　To meet his friends.
　　　ウ　To attend a meeting.

2 【適語補充】
　　　　に適する語句を書きましょう。

(1)　私は宿題をするために早起きしました。

　　　I got up early _____ my homework.

よくでる(2)　さやかとリサはバドミントンをしに公園へ行きました。

　　　Sayaka and Lisa went to the park _____ badminton.

(3)　私たちはそのニュースを聞いてうれしかった。

　　　We were happy _____ the news.

(4)　なぜあなたたちは放課後，体育館へ行ったのですか。
　　　―― 健二の試合を見るためです。　　　　　　　　　　　体育館：gym

　　　Why did you go to the gym after school?

　　　―― _____ Kenji's game.

3 【適語選択補充】
　　　　に適する語句を　から選んで書きましょう。

(1)　We went to America _____ English.

(2)　Jim will be glad _____ your present.

(3)　Why do you practice soccer so hard?

　　　―― _____ a good player.

> to be
> to get
> to study
> to play

4 【並べかえ】
次の日本文の意味を表す英文になるように，（　　）内の語句を並べかえましょう。
ただし，各問題の語句には使わないものが１つずつ含まれています。

(1)　私は英語を練習するためにその CD を聞きます。
（ the CD / I / practice / practicing / listen to / English / to ）

✓よくでる (2)　ジムはノートを何冊か買いにその店へ行きました。
（ some / the shop / to / bought / buy / Jim / notebooks / went / to ）

_____

(3)　彼らはその試合に勝ってとてもうれしかった。　　　　　（競技などに）勝つ：win
（ very / they / to / for / the game / happy / win / were ）

_____

5 【和文英訳】
次の日本文を英語にしましょう。

(1)　多くの人が，パンダを見にその動物園を訪れます。

_____

(2)　私の父は公園を走るために早起きしました。

_____

✓よくでる (3)　あなたにお会いできてうれしいです。

_____

入試レベル問題に挑戦

6 【英作文】
太郎が友達に，知り合いのグリーンさんを紹介しています。右の英文が太郎の言葉に合うものになるように，空いている部分に当てはまる英語を書きましょう。

こちらはグリーンさんだよ。英語を教えるために日本に来たんだ。いくつかの高校で働いているんだよ。

Hi!

This is Ms. Green.
_____

_____

She works at some high schools.

ヒント
太郎の言葉の２文めを英語にする。主語を補って考えよう。

12 不定詞② 「～すること」

リンク
ニューコース参考書
中2英語
p.131～132

攻略のコツ want to などの決まった言い方がよく問われる！

テストに出る！ 重要ポイント

● 「～すること」を表す to ～
● 〈to＋動詞の原形〉で 「～すること」 の意味を表す。名詞と同じように，動詞の目的語になったり，be 動詞のあとに続いたりする。

I want **to go** to Australia. ← to ～が want の目的語になっている。

（私はオーストラリアに行きたいです。）

● to ～ を目的語にする動詞
● 〈to＋動詞の原形〉を目的語にする動詞には主に次のようなものがある。

want to ～	～したい
like to ～	～することが好き
begin / start to ～	～しはじめる
try to ～	～しようとする
hope to ～	～することを望む
need to ～	～する必要がある
decide to ～	～しようと決める

● 補語になる to ～
● 〈to＋動詞の原形〉 が be 動詞のあとに続く（＝補語になる）ことがある。

My dream is **to be** a writer.

（私の夢は作家になることです。）

Step 1　基礎力チェック問題

解答▶ 別冊p.21

1 【「～すること」を表す to ～】
[　　]内から適する語句を選びましょう。

☑(1) 私はテレビを見ることが好きです。
I like [watch / to watch / for watching] TV.

☑(2) 雨が降りはじめました。
It started [to rain / to raining / rained].

☑(3) ケンはサッカー選手になりたいと思っています。
Ken wants to [will be / becomes / be] a soccer player.

☑(4) 彼女の仕事は物語を書くことです。
Her job is [writes / do writing / to write] stories.

得点アップアドバイス

1

to のあとの動詞はいつも原形だね。

2 【to ～ を目的語にする動詞】
[　　]内から適するほうを選びましょう。

得点アップアドバイス

☑ (1) 私は多くの国を訪れたいです。
　　 I [want to / want] visit many countries.
☑ (2) 私は携帯電話がほしいです。
　　 I [want to / want] a cell phone.
☑ (3) 由美は写真を撮ることが好きです。
　　 Yumi [likes / likes to] take pictures.
☑ (4) 由美は動物が好きです。
　　 Yumi [likes / likes to] animals.
☑ (5) 彼らはもうすぐ会議をはじめます。
　　 They will [begin to / begin] the meeting soon.
☑ (6) あなたはいつ中国語を習いはじめたのですか。
　　 When did you [begin to / begin] learn Chinese?

3 【to ～ を目的語にする動詞】
　　□の語を使って，＿＿ に適する語句を書きましょう。必要なら
語の形をかえましょう。

☑ (1) 私は英語で話そうとしました。
　　 I ＿＿＿＿＿＿＿＿＿ speak in English.
☑ (2) 健二は新しい自転車を買いたがっています。
　　 Kenji ＿＿＿＿＿＿＿＿ buy a new bike.
☑ (3) あなたは音楽を聞くのが好きですか。
　　 Do you ＿＿＿＿＿＿＿＿ listen to music?
☑ (4) 私たちはあなたに会えればいいなと思っています。
　　 We ＿＿＿＿＿＿＿＿ see you.
☑ (5) 母はもうすぐ夕食を作りはじめるでしょう。
　　 My mother will ＿＿＿＿＿＿＿＿ cook dinner soon.
☑ (6) 私たちはその問題について話し合う必要があります。　　問題：problem
　　 We ＿＿＿＿＿＿＿＿ talk about the problem.

like	want	start	try	need	hope

4 【補語になる to ～】
to ～ の形を使って，＿＿ に適する語句を書きましょう。

☑ 私の夢はピアニストになることです。
　　 My dream is ＿＿＿＿＿＿＿＿ a pianist.

得点アップアドバイス

2
(1)(2) 同じ want でも，to ～ を目的語にする場合と，そうではない場合の意味のちがいに気をつける。

(5)(6) 「～ をはじめる」と「～しはじめる」のちがいに注意。

3
(1) 過去形のつづりに注意。

(2) Kenji は 3 人称単数の主語。

(4) 「～できればいいと思う」は「～することを望む」と考える。
(5) 空所の前に will があることに注意。

4
補語になる to ～
to ～ は「～すること」の意味で be 動詞のあとに続くことがある。

12 不定詞② 「～すること」

1 ♪ 【リスニング】
会話と，それに関する質問が流れます。質問の答えとしてもっとも適切なものを選びましょう。

(1) ア　She wants to play a musical instrument.
　　イ　She wants to see some live performances.
　　ウ　She wants to teach the flute to her classmates.

(2) ア　He tried to speak the Thai language.
　　イ　He tried to eat durians.
　　ウ　He tried to cook some smelly foods.

(3) ア　The man needs to put a sticker on his bicycle.
　　イ　The man needs to get a new bicycle.
　　ウ　The man needs to repair his bicycle.

(4) ア　They will start to study about vegetables.
　　イ　They will start to see a movie.
　　ウ　They will start to cook something.

2 【適語補充】
[　　]に適する語を書きましょう。

(1) 私は将来，世界中を旅行したいです。　　　　　　旅行する：travel

I [　　　　　] [　　　　　] [　　　　　] around the world in the future.

(2) その犬はドアを開けようとしました。

The dog [　　　　　] [　　　　　] [　　　　　] the door.

(3) さやかは友達と話すことが好きです。

Sayaka [　　　　　] [　　　　　] [　　　　　] with her friends.

(4) 勇太とマイクは再び走りはじめました。

Yuta and Mike [　　　　　] [　　　　　] [　　　　　] again.

3 【欠落語補充】
次の英文のどこに to を入れると意味の通る文になりますか。記号を○で囲みましょう。

(1) My sister　likes　play　video　games.
　　　　　　　　ア　　　イ　　ウ　　エ

ミス注意 (2) We　began　the work　at eight　finish　it early.　　　work：仕事　finish：終える
　　　　　　ア　　イ　　　ウ　　　エ　　オ

(3) His job　is　help　sick children　in hospitals.
　　　　　ア　イ　ウ　　　エ

4 【並べかえ】
次の日本文の意味を表す英文になるように，（　　　）内の語句を並べかえましょう。

(1) 私はあなたに再び会えればいいなと思います。
（ see / I / to / again / you / hope ）

_____

ミス注意 (2) 麻里（Mari）は海で泳ぐことが好きではありません。
（ doesn't / the sea / swim / Mari / to / in / like ）

_____

5 【和文英訳】
次の日本文を英語にしましょう。

(1) 私の母はバイオリンを弾くことが好きです。　　　　　　　　バイオリン：violin

_____

(2) 私は看護師になりたかった。　　　　　　　　　　　　　　　看護師：a nurse

_____

(3) 健二（Kenji）は由香（Yuka）に電話をかけようと決心しましたか。

_____

(4) 私たちはおたがいを理解する必要がある。　おたがい：each other　〜を理解する：understand

_____

入試レベル問題に挑戦

6 【並べかえ】
次の英文を読み，下線部(1)(2)の（　　　）内の語句を並べかえて意味の通る英文にしましょう。

　I'm interested in American life and culture. (1)(to / I / go / want / the U.S. / to) in the future.　Last week, I talked about my dream to Ms. Clark.　She said: "That's nice! (2)My dream (to / was / a teacher / be) in Japan, and it came true, so you can also realize your dream!　You have to study English hard."　I studied English every day this week.

be interested in 〜：〜に興味がある　　come true：（夢などが）本当になる　　realize：実現する

(1) _____ in the future.

(2) My dream _____ in Japan,

> **ヒント**
> (1) 2つの to を正しく使うよう注意しよう。(2) My dream が主語の文をつくろう。

13 不定詞③「〜するための」

攻略のコツ something to 〜 の形がよく問われる！

テストに出る！ **重要ポイント**

● 「〜するための」を表● 〈to＋動詞の原形〉で **「〜するための」「〜すべき」** の意
　す to 〜　　　　　　味を表して，名詞を後ろから修飾する。

　　　　　　　　　　　I have a lot of homework **to do**.

　　　　　　　　　　　（私にはするべき宿題がたくさんあります。）

● something to 〜　　● **something to** 〜の形で 「(何か) 〜するもの」 の意味を表
　　　　　　　　　　　す。否定文・疑問文ではふつう **anything to** 〜の形になる。

　　　　　　　　　　　Let's get **something to eat**.

　　　　　　　　　　　（何か食べるものを買いましょう。）

● to 〜 のまとめ　　　❶ 「〜するために」「〜して」の意味

　　　　　　　　　　　He came **to see** me.（彼は私に会いに来ました。）

　　　　　　　　　　　I'm happy **to hear** that.（それを聞いてうれしいです。）

　　　　　　　　　　❷ 「〜すること」の意味

　　　　　　　　　　　I want **to be** a teacher.（私は教師になりたい。）

　　　　　　　　　　❸ 「〜するための」「〜すべき」の意味

　　　　　　　　　　　She has work **to do**.（彼女にはするべき仕事があります。）

Step 1　　基礎力チェック問題

解答▶ 別冊p.23

1 【「〜するための」を表す to 〜】
　　[ ]に適する語を書きましょう。

✓(1)　由美にはするべきことがたくさんあります。

　　Yumi has many things [　　　　　] [　　　　　].

✓(2)　寝る時間ですよ。

　　It's time [　　　　] [　　　　] to bed.

✓(3)　私は電車で読む本がほしい。

　　I want a book [　　　　] [　　　　　] on the train.

✓(4)　どこか訪れるのによい場所を知っていますか。

　　Do you know any good places [　　　　] [　　　]?

✓(5)　彼らには眠る時間がありません。

　　They don't have [　　　] [　　　] [　　　].

得点アップアドバイス

1・・・・・・・・・・・・・・

(2) この「寝る」は「就寝する」の意味で，go to bed を使う。

(5) to 〜 が修飾する名詞も入れる。

2 【something to 〜】
（　）内の語を並べかえて，英文を完成させましょう。

得点アップアドバイス

☑ (1) 私は何か飲むものがほしいです。
I want（ drink / something / to ）.
I want ＿＿＿＿＿＿＿＿＿＿＿＿＿＿＿＿＿ .

☑ (2) 彼には久美にあげるものがあります。
He has（ to / something / give ）to Kumi.
He has ＿＿＿＿＿＿＿＿＿＿＿＿＿ to Kumi.

☑ (3) あなたは何か食べ物がほしいですか。
Do you want（ to / eat / anything ）?
Do you want ＿＿＿＿＿＿＿＿＿＿＿＿＿ ?

☑ (4) この前の日曜日，リサにはすることがありませんでした。
Lisa didn't have（ do / anything / to ）last Sunday.
Lisa didn't have ＿＿＿＿＿＿＿＿ last Sunday.

☑ (5) 彼は私を助けることは何もしてくれませんでした。
He did（ nothing / help / to ）me.
He did ＿＿＿＿＿＿＿＿＿＿＿＿＿ me.

2 ‥‥‥‥‥‥‥‥
something のような 〜thing の代名詞をまとめて覚えよう。

(3)(4) 否定文・疑問文ではふつう anything to 〜 の形になる。
(5) nothing は「何も〜ない」という否定の意味。not を使う否定文にする必要はない。

3 【to 〜 の 3 つの用法】
（　）の語句を英文に入れるときの適する位置の記号を，○で囲みましょう。

☑ (1) 姉は将来，医者になりたいと思っています。　　　　（ to be ）
My sister　wants　a doctor　in the future.
　　　　　　　ア　　　　イ　　　　　　ウ

☑ (2) 姉は医者になるために熱心に勉強しなければなりません。（ to be ）
My sister　has to study　hard　a doctor.
　　　　　　　ア　　　　　　イ　　　ウ

☑ (3) 私はテレビを見るために早く帰りました。　　　　（ to watch ）
I　went　home　early　TV.
　ア　　イ　　　ウ　　　エ

☑ (4) 私にはテレビを見る時間がありませんでした。　　（ to watch ）
I　didn't　have　time　TV.
　ア　　　イ　　　ウ　　エ

☑ (5) 私たちはジムからの手紙を読んで悲しかった。　　（ to read ）
We　were　sad　the letter　from Jim.
　ア　　　イ　　ウ　　　　　エ

☑ (6) 麻里はカフェで本を読むことが好きです。　　　　（ to read ）
Mari　likes　books　at a café.
　　ア　　　イ　　　ウ

3 ‥‥‥‥‥‥‥‥
(1) 「〜すること」を表す to 〜 の用法。「〜したい」という言い方を思い出す。

(4) 名詞を後ろから修飾する to 〜 の用法。

(5) 「悲しい」の原因を表す to 〜 の用法。

実力完成問題

解答 別冊 p.23

1 ♪【リスニング】
会話と，それに関する質問が流れます。質問の答えとしてもっとも適切なものを選びましょう。

(1) ア He wants something to drink.
　　イ He wants something to eat.
　　ウ He wants something hot.

(2) ア She has a lot of homework to do.
　　イ She does not like the man.
　　ウ She does not feel well.

2 【適語選択】
[　　]内から適する語句を選びましょう。

(1) Do you have time [come / to come / to coming] to my house?

(2) Ms. Jones wants a [DVD watch / to watch DVD / DVD to watch].

ミス注意 (3) I don't have [something / anything / nothing] to do today.

(4) Yuta will buy [something to read / something read / to read something].

3 【適語補充】
[　　]に適する語を書きましょう。

✓よくでる (1) この週末，私たちにはするべき宿題がたくさんあります。
We have a lot of [　　　　] [　　　　] [　　　　] this weekend.

(2) 何か飲むものを買いましょう。
Let's get [　　　　] [　　　　] [　　　　].

ミス注意 (3) あなたは放課後，何かすることがありますか。
Do you have [　　　　] [　　　　] [　　　　] after school?

(4) 私は写真を撮る場所をさがしています。　　　　　　　　　　〜をさがす：look for 〜
I'm looking for a [　　　　] [　　　　] [　　　　] pictures.

4 【同意文への書きかえ】
次の各組の英文がほぼ同じ内容を表すように，[　　]に適する語を書きましょう。

(例) { Mr. Green was very busy yesterday.
　　　 Mr. Green had a lot of things [to] [do] yesterday.

(1) { Kenji wants some food.
　　　 Kenji wants [　　　　] [　　　　] [　　　　].

(2) { My brother is busy, so he can't watch TV today.
　　　 My brother has no [　　　　] [　　　　] [　　　　] TV today.

ハイレベル (3) { I'm free next Sunday.　　　　　　　　　　　　　free：ひまな
　　　　 I have [　　　　] [　　　　] do next Sunday.

5 【並べかえ】
次の日本文の意味を表す英文になるように，（　）内の語句を並べかえましょう。

(1) 私の母にはするべき仕事がたくさんあります。
（ has / work / my mother / do / to / a lot of ）

_____

(2) 学校に行く時間ですよ。
（ time / go / school / to / it's / to ）

_____

6 【和文英訳】
次の日本文を英語にしましょう。

(1) 京都は訪れるのによい場所です。

_____

(2) あなたには今夜するべき宿題がありますか。

_____

(3) 私たちは会議を開くための部屋が必要です。　　　会議を開く：have a meeting

_____

ハイレベル (4) 私は何か飲むものを買いたかった。

_____

入試レベル問題に挑戦 ⋯⋯⋯⋯⋯⋯⋯⋯⋯⋯⋯⋯⋯⋯⋯⋯⋯⋯⋯⋯⋯⋯⋯⋯

7 【適文選択】
次の対話文を読み， 　(1)　 ～ 　(3)　 に当てはまる文を右のア～オから選んで，記号で答えましょう。

A: Hi, Mike. You were almost late for class.
B: Yeah, I got up late this morning.
　　　(1)
A: Oh, that's too bad.
B: I'm hungry.　(2)
A: Sorry, I don't.
B: That's OK.　(3)

> ア　Do you have anything to eat?
> イ　I wanted to cook breakfast.
> ウ　I'll go to the school shop to buy something.
> エ　I didn't have time to have breakfast.
> オ　Do you need to get up early?

(1) [　　　]　(2) [　　　]　(3) [　　　]

💡 ヒント
(1) 直前で「寝坊した」と言っている。(2) 直後の Sorry はどういうことに対してかを考えよう。

14 動名詞

攻略のコツ 〜ingとto 〜 の使い分けがよく問われる！

リンク
ニューコース参考書
中2英語
p.135〜137

テストに出る！ 重要ポイント

● 「〜すること」を表す 〜ing
- ❶ 動詞の〜ing の形で「〜すること」の意味を表す。これを動名詞という。
- ❷ 名詞と同じように動詞や前置詞の目的語になったり，主語になったり，be 動詞のあとに続いたりする。

  We enjoyed **playing** tennis.
  （私たちはテニスをして楽しみました。）

  Reading books is important.　←〜ing の主語は3人称単数扱い
  （本を読むことは大切です。）

● 〜ing を目的語にする動詞
- ● 〜ing を目的語にする動詞には，次のようなものがある。

enjoy 〜ing 〜して楽しむ	like 〜ing 〜するのが好きだ
finish 〜ing 〜し終える	stop 〜ing 〜するのをやめる
begin / start 〜ing 〜しはじめる	

● 〜ing と to 〜の使い分け
- ● 〜ing と to 〜 のどちらを目的語にするかは，動詞によって異なる。

  ・〜ing を目的語にする動詞：enjoy，finish，stop など
  ・to 〜 を目的語にする動詞：want，decide，hope など
  ・どちらも目的語にする動詞：like，begin，start など

Step 1　基礎力チェック問題

解答 別冊p.24

1 【「〜すること」を表す 〜ing】
右の（　）内の語を適する形にして，[　]に書きましょう。

得点アップアドバイス

- [x] (1) 私はお皿を洗い終えました。　　　　　　　　　　　　（ wash ）
  I finished [　　　　　　　] the dishes.
- [x] (2) 雨がやみました。　　　　　　　　　　　　　　　　　（ rain ）
  It stopped [　　　　　　　].
- [x] (3) コンピューターを使うことは私には難しい。　　　　　（ use ）
  [　　　　　　　] a computer is difficult for me.
- [x] (4) 手伝ってくれてありがとう。　　　　　　　　　　　　（ help ）
  Thank you for [　　　　　　　] me.

1
(3) use を〜ing の形にするときは，つづりに注意。

(4) 前置詞 for の目的語になる形にする。

2 【〜ing を目的語にする動詞】
　[　　]に適する語を書きましょう。

(1) 兄はギターを弾くのが好きです。
　　My brother [　　　　　　] [　　　　　　] the guitar.

(2) 私はもうすぐこの本を読み終えます。
　　I'll [　　　　　　] [　　　　　　] this book soon.

(3) リサは手紙を書きはじめました。
　　Lisa [　　　　] [　　　　　　] a letter.

(4) あなたはいつテレビを見るのをやめるのですか。
　　When are you going to [　　　　　] [　　　　　　] TV?

(5) 私たちはテレビドラマについて話して楽しみました。
　　We [　　　　] [　　　　　　] about TV dramas.

3 【〜ing と to 〜 の使い分け】
　[　　]内から適するほうを選びましょう。

(1) 健二は部屋をそうじし終えました。
　　Kenji finished [to clean / cleaning] his room.

(2) テレビゲームをするのをやめなさい。
　　Stop [playing / to play] video games.

(3) あなたは病院に行く必要があります。
　　You need [going / to go] to the hospital.

(4) 私たちは新しいコンピューターを買うことを決めました。
　　We decided [buying / to buy] a new computer.

(5) 公園を散歩して楽しみましたか。
　　Did you enjoy [to walk / walking] in the park?

(6) 姉は留学したいと思っています。
　　My sister wants [to study / studying] abroad.　　abroad：海外で

(7) 私はその魚をつかまえようとしました。
　　I tried [catching / to catch] the fish.

4 【注意すべき文の形】
　次の日本語の意味を表す英文を選んで，記号を○で囲みましょう。

(1) 彼女の仕事は写真を撮ることです。
　　ア　Her job is taking pictures.
　　イ　She is taking pictures.

(2) 私は音楽を聞いています。
　　ア　I'm listening to music.
　　イ　My hobby is listening to music.

得点アップアドバイス

2
動詞が名詞の働き
をするから動名
詞。

【動名詞だけを目的語に
とる動詞】
・enjoy 〜ing
（〜して楽しむ）
・finish 〜ing
（〜し終える）
・stop 〜ing
（〜するのをやめる）

3
(2) 正解ではないほうだ
と，「〜するために立ち
止まる」という意味にな
る。

【to 〜 だけを目的語に
とる動詞】
・want to 〜
（〜したい）
・decide to 〜
（〜することを決める）
・hope to 〜
（〜することを望む）

(7) try to 〜 は「〜しよ
うとする」，try 〜ing は
「ためしに〜してみる」
の意味。

4
〜ingが「〜すること」の
意味を表しているのか，
〈be動詞＋〜ing〉で「〜し
ている」の意味を表して
いるのかに注意して英文
を読むこと。

14 動名詞

1 ♪【リスニング】

会話と，それに関する質問が流れます。質問の答えとしてもっとも適切なものを選びましょう。

(1)　ア　He went jogging in a park.
　　イ　He taught Emma tennis.
　　ウ　He enjoyed playing tennis.

(2)　ア　She wants to finish a book.
　　イ　She wants to go out soon.
　　ウ　She wants to start reading a book.

2【適語補充】

[　　]に適する語を書きましょう。

(1)　私は弟とテレビゲームをして楽しみました。

I [　　　　　　] [　　　　　　　　] video games with my brother.

(2)　あなたは部屋をそうじし終えたのですか。

Did [　　　　　　] [　　　　　　] [　　　　　　　　] your room?

ミス注意 (3)　英語で話すことは私には簡単です。

[　　　　　　　] in English [　　　　　　] easy for me.

(4)　母はクッキーを作るのが得意です。　　　　　　　　～が得意だ：be good at ～

My mother is good at [　　　　　　] [　　　　　　].

3【並べかえ】

次の日本文の意味を表す英文になるように，(　　)内の語句を並べかえましょう。
ただし，各問題の語句には使わないものが1つずつ含まれています。

(1)　その女の子は絵をかくことが好きです。　　　　　　　　（絵）をかく：draw

(likes / pictures / to / the girl / drawing)

_____

(2)　あなたたちはその DVD を見て楽しみましたか。

(to watch / watching / the DVD / enjoy / you / did)

_____

(3)　この花を育てるのは簡単ではありません。　　　　　　　育てる：grow

(flower / doesn't / isn't / this / growing / easy)

_____

ハイレベル (4)　マンガを読むのをやめて，宿題をしなさい。

(do / comic books / your homework / and / reading / stop / to read)

_____

4 【適語選択】

[   ]内から適する語句を選びましょう。

(1) Kumi stopped [to read / read / reading] the book and went to bed.

(2) Do you want [going / to go / go] to the concert?   concert：コンサート

(3) Thank you for [calling / to calling / to call] me.

ミス注意 (4) Taking pictures [are / is / to be] interesting.

5 【和文英訳】

次の日本文を英語にしましょう。

(1) 彼は昨夜その物語を書き終えました。

_____

(2) 真希（Maki）はピアノを弾くのをやめませんでした。

_____

(3) 私は服を作ることに興味があります。   服：clothes   ～に興味がある：be interested in ～

_____

(4) 歴史を勉強することはおもしろい。   歴史：history   おもしろい：interesting

_____

入試レベル問題に挑戦

6 【語形変化・適語補充】

次の英文を読み，　(1)　～　(3)　に当てはまる語を下の　　　から選んで，適する形にかえて書きましょう。２語にしてもかまいません。

　Yuka is a member of the English club. She enjoys 　(1)　 English songs and talking in English. One day, Ms. Brown said to Yuka: "You like English very much. I'll give this to you." It was an English book. Yuka tried 　(2)　 it, but the book was a little difficult for her. She thought, "I need Ms. Brown's help."

　So, she put the book in her school bag before 　(3)　 to bed.

thought：think（思う）の過去形　　before ～：～の前に

go	buy	read	watch	sing

(1) [   ]   (2) [   ]   (3) [   ]

🤚 **ヒント**

すべて動詞を適切な形にしたものが入る。空所の直前の語に注目する。(3) before は前置詞。

定期テスト予想問題 ④

時間 ▶ 50分
解答 ▶ 別冊 p.26

得点
/100

出題範囲：不定詞，動名詞

1 ♪ 【リスニング】イラストを参考に英文と応答を聞き，応答としてもっとも適切なものを選びなさい。　【6点×2】

(1)

(2)

(1)		(2)	

2 次の英文の[　]内から適するものを選び，記号で答えなさい。　【4点×4】

(1) We hope [ア seeing　イ to see　ウ see] you again.
(2) Did you finish [ア washing　イ to wash　ウ washed] the dishes?
(3) Mary didn't have time [ア call　イ to call　ウ calling] Yukari.
(4) Writing stories [ア to be　イ are　ウ is] fun.

(1)		(2)		(3)		(4)	

3 次の日本文の意味を表す英文になるように，____に適する語を書きなさい。　【4点×5】

(1) 陽一は，くつを買いに横浜へ行きました。
   Yoichi went to Yokohama _____ _____ shoes.
(2) 私たちは音楽を聞いて楽しみました。
   We _____ _____ to music.
(3) 午後には雨はやむでしょう。
   It will stop _____ in the afternoon.

(1)			(2)		(3)	

4 次の文のどこに to を入れると正しい文になるか，記号で答えなさい。　【4点×3】

(1) She'll　begin　play　the piano　soon.
　　　　ア　　　イ　　ウ　　　　エ

(2) James　visited　me　say　goodbye.
　　　　ア　　　イ　　ウ　エ

(3) Mr. Yamada　wanted　some　books　read.
　　　　　　　　ア　　　イ　　ウ　　　エ

(1)		(2)		(3)	

5 次の各組の文がほぼ同じ内容を表すように，＿＿に適する語を書きなさい。　【4点×3】

(1) { Akira likes taking pictures of animals.
　　 { Akira likes ＿＿＿＿＿ ＿＿＿＿＿ pictures of animals.

(2) { We talked about our favorite singers.　We enjoyed it very much.
　　 { We enjoyed ＿＿＿＿＿ about our favorite singers very much.

(1)			(2)	

6 次の英文はある中学生のスピーチ原稿と，言いたいことのメモです。メモの内容を表すように，スピーチ原稿の下線部の英文を完成させなさい。　【7点×4】

スピーチ原稿
Today, I'm going to talk about my dream.
(1)＿＿＿＿＿＿＿＿＿＿＿ in the future.
(2)＿＿＿＿＿＿＿＿＿ five years ago.
I couldn't play it well at that time, so
(3) I practiced a lot ＿＿＿＿＿＿＿.
(4) I always try ＿＿＿＿＿＿＿＿.

メモ
(1) 将来なりたいもの
…サッカー選手
(2) サッカーをし始めた時期
…5年前
(3) たくさん練習した目的
…良い選手になるため
(4) いつも努めていること
…サッカーを練習するため
の時間を作ること

(1)	in the future.
(2)	five years ago.
(3) I practiced a lot	.
(4) I always try	.

15 接続詞

攻略のコツ　when や because などを使った英作文がよく出題される！

テストに出る！ 重要ポイント

● 「〜のとき」を表す when
❶ 「〜のとき」 というときは when 〜で表す。
❷ when 〜は文の前半にも後半にもおくことができる。
When I was a child, I lived in Osaka. ← 前半にくるときは，コンマが必要
（子どものとき，私は大阪に住んでいました。）
❸ 時を表すほかの語：**before** 〜 （〜する前に），**after** 〜 （〜したあとで） など。

● 「もし〜なら」を表す if
❶ 「もし〜なら」 というときは **if** 〜で表す。
❷ if 〜は文の前半にも後半にもおくことができる。

● 「なぜなら〜なので」を表す because
❶ 「なぜなら〜なので」 というときは **because** 〜で表す。
❷ because 〜はふつう文の後半におく。

● 「〜ということ」を表す that
❶ **that** 〜で 「〜ということ」 の意味を表すことができ，think や know などの目的語になる。
❷ 〈be 動詞＋形容詞〉 のあとにも **that** 〜が続く。
I'm happy **that** I can see you again.
（私は，またあなたに会えてうれしいです。）
❸ that はよく省略される。省略しても文の意味は同じ。
I think （**that**） he is right. （私は，彼は正しいと思います。）

Step 1　基礎力チェック問題

解答▶ 別冊 p.27

1【when などの文】
［　　］内から適する語を選びましょう。

☑ (1) 雨が降っていたので私たちはテニスをしませんでした。
We didn't play tennis ［ if / because / when ］ it was raining.
☑ (2) もしあなたが忙しいなら手伝います。
［ That / Before / If ］ you are busy, I'll help you.
☑ (3) 私はリサがピアノを弾けることを知っています。
I know ［ it / this / that ］ Lisa can play the piano.
☑ (4) 私が電話をかけたとき，健二はテレビを見ていました。
Kenji was watching TV ［ because / when / if ］ I called him.

得点アップアドバイス

1
when や if, that など，主となる文に別の文をつけ加える働きをする語を接続詞という。

(3) 「〜ということ」を表す語を選ぶ。

2 【when などの文】

[　　]から[　　]に適する語を選んで書きましょう。[　　]の語は何度使ってもかまいません。

☑ (1) もしあなたがそれを好きなら，あげましょう。
[　　　　　　　　] you like it, I'll give it to you.

☑ (2) 朝食を食べる前に顔を洗いなさい。
Wash your face [　　　　　　　　] you have breakfast.

☑ (3) 私はあなたがこの夏私を訪ねてくれるといいなと思います。
I hope [　　　　　　　　] you'll visit me this summer.

☑ (4) お母さんが自転車を買ってくれたので，ジムはうれしかった。
Jim was happy [　　　　　　] his mother bought him a bike.

☑ (5) 部屋を掃除したあと，私は買い物へ行きました。
[　　　　　　　　] I cleaned my room, I went shopping.

☑ (6) なぜ遅刻したのですか。―― 寝坊したからです。
Why were you late?　――[　　　　　　　　] I got up late.

☑ (7) 彼が話しはじめると，みんな静かになりました。
[　　　　　　　] he started talking, everyone became quiet.

when	because	that	after	if	before

3 【when などの文】

[　　]に適する語を書きましょう。

☑ (1) たくさん泳いだので，私たちはつかれてしまいました。
We got tired [　　　　　　　　] we swam a lot.

☑ (2) 日本を去る前にあなたたちにもう一度会いたいです。
I want to see you again [　　　　　　　] I leave Japan.

☑ (3) 私たちはマイクがオーストラリア出身だと知っています。
We know [　　　　　　　] Mike is from Australia.

☑ (4) 私が昨日さやかに会ったとき，彼女は悲しそうでした。
[　　　　　　　] I met Sayaka yesterday, she looked sad.

☑ (5) もしおなかがすいていたら，クッキーを食べていいですよ。
You can eat the cookies [　　　　　　　] you're hungry.

☑ (6) 勇太は宿題を終えたあと，本を読みました。
Yuta read a book [　　　　　　　] he finished his homework.

☑ (7) なぜ先週学校に来なかったの。―― 風邪をひいていたからね。
Why didn't you come to school last week?
――[　　　　　　　] I had a cold.

実力完成問題 解答 別冊 p.27

1 ♪【リスニング】

会話と，それに関する質問が流れます。質問の答えとしてもっとも適切なものを選びましょう。

(1)　ア　Because she needed to go somewhere.
　　　イ　Because she had work to do.
　　　ウ　Because she was sick in bed.
(2)　ア　He hopes that Evelyn will do well on the exam.
　　　イ　He knows that Evelyn will fail the exam.
　　　ウ　He is afraid that he cannot pick her up.
(3)　ア　He was listening to music.
　　　イ　He was playing a game.
　　　ウ　He was calling another person.

2【適語選択】
　　[　　]内から適する語を選びましょう。

(1)　[Before / If / That] you don't like *natto*, you don't have to eat it.
(2)　It was raining [if / when / because] I got up.
(3)　I'm afraid [after / when / that] I can't go with you.
(4)　Jim had some milk [before / that / if] he went to bed.
ミス注意 (5)　Ms. Sato can speak English well [before / because / when] she lived in the U.S. for a long time.　　　　　the U.S.：アメリカ合衆国

3【適語補充】
　　[　　]に適する語を書きましょう。

(1)　私は朝食を食べなかったのでおなかがすいています。
　　　I'm hungry [　　　　　　　] I didn't have breakfast.
(2)　あなたが目を開けたとき，何が見えましたか。
　　　[　　　　　　　] you opened your eyes, what did you see?
(3)　兄は私が新しい自転車をほしがっていることを知っています。
　　　My brother knows [　　　　　　] I want a new bike.
(4)　暗くなる前に帰ろう。
　　　Let's go home [　　　　　　] it gets dark.
(5)　あなたが健二にプレゼントをあげたら，彼は喜ぶでしょう。
　　　Kenji will be happy [　　　　　　] you give him a present.

4 【並べかえ】
次の日本文の意味を表す英文になるように，（　　）内の語句を並べかえましょう。

(1) もしあなたに時間があるなら手伝ってくれますか。
Can（ me / have / you / help / if / time / you ）?

Can _____?

(2) 私は由美と麻里が教室をそうじしたのだと思います。
（ cleaned / I / Yumi / think / and / the classroom / Mari ）

_____

ミス注意 (3) 私はジムと話したかったので，彼に電話しました。
（ wanted / I / because / talk / Jim / I / to / called ）with him.

_____ with him.

5 【和文英訳】
次の日本文を英語にしましょう。

(1) もしあなたが自転車を持っていないなら，私のをあげます。

_____

(2) 私は由香（Yuka）のお母さんがピアニストだと知っています。　　ピアニスト：a pianist

_____

入試レベル問題に挑戦

6 【英作文】
さやかは，あるテーマでマイクとリサにインタビューをしました。さやかがまとめたメモの内容に合うように，対話文の下線部(1)(2)の英文をそれぞれ完成させましょう。

〈テーマ〉　ひまなときは何をするのが好きか
回答者：マイク
回答　：買い物に行くのが好き。

回答者：リサ
回答　：聞くときにリラックスした気分になるので，音楽を聞くのが好き。

＊リラックスした：relaxed

Sayaka: (1) What _____?
Mike : I like to go shopping.
Sayaka: That's nice.
　　　　 How about you, Lisa?
Lisa : (2) I _____ when I do.
Sayaka: I see.

How about ～?：～はどうですか。

(1) What _____?

(2) I _____ when I do.

💡 **ヒント**
(2)「～な気分になる」は feel を使って表そう。

73

16 比較①（比較級，最上級）

攻略のコツ 比較級・最上級が正しく使えるかがよく問われる！

テストに出る！ 重要ポイント

● 「…より～」の表し方 ❶ 「…より～」というときは，〈比較級 than …〉で表す。
　　　　　　　　　　 ❷ 比較級は形容詞や副詞の語尾に er をつけた形。
　　　　　　　　　　 Kenji is **taller than** Jim.（健二はジムより背が高い。）

● 「いちばん～」の表し方 ❶ 「…の中でいちばん～」というときは，〈the 最上級 of / in …〉で表す。
　　　　　　　　　　 ❷ 最上級は形容詞や副詞の語尾に est をつけた形。
　　　　　　　　　　 ❸ 「…の中で」は複数を表す語には of，場所や範囲には in。
　　　　　　　　　　 Pochi is **the biggest of** the three.
　　　　　　　　　　 （ポチは3匹の中でいちばん大きい。）

● 注意すべき比較級と最上級①
easy（簡単な）— easier — easiest ←yをiにかえて er, est
big（大きい）— bigger — biggest ←最後の字を重ねて er, est

● 注意すべき比較級と最上級②
● つづりが長い語の場合，比較級は前に more，最上級は前に most をつける。good など不規則変化のものもある。
famous（有名な）— more famous — most famous
good（よい）/ well（うまく）— better — best
many（多数の）/ much（多量の）— more — most

Step 1　基礎力チェック問題

解答▶ 別冊 p.28

1 【比較の文】
[　]内から適する語を選びましょう。

☑(1) 私の姉はあなたのお兄さんより若いです。
My sister is [young / younger / youngest] than your brother.

☑(2) この携帯電話が5つのうちでいちばん小さい。
This cell phone is the [small / smaller / smallest] of the five.

☑(3) 由香は久美より速く走ります。
Yuka runs faster [in / than / of] Kumi.

☑(4) この問題がすべての中でいちばん難しい。
This question is the most difficult [in / of / than] all.

得点アップアドバイス

1
(3) この fast は「速く」の意味で，動詞 run を修飾している副詞。
(4) all は複数を表す。

74

2 【比較級・最上級】

次の語の比較級・最上級を書きましょう。2語になる場合もあります。

〈比較級〉　　　　　　〈最上級〉

- ☑(1)　long　　　　　— [　　　　　　　] — [　　　　　　　]
- ☑(2)　early　　　　— [　　　　　　　] — [　　　　　　　]
- ☑(3)　big　　　　　— [　　　　　　　] — [　　　　　　　]
- ☑(4)　large　　　　— [　　　　　　　] — [　　　　　　　]
- ☑(5)　good　　　　— [　　　　　　　] — [　　　　　　　]
- ☑(6)　interesting — [　　　　　　　] — [　　　　　　　]
- ☑(7)　beautiful　— [　　　　　　　] — [　　　　　　　]
- ☑(8)　many　　　　— [　　　　　　　] — [　　　　　　　]

3 【比較級・最上級】

(　　)内の語を[　　]に適する形にして書きましょう。

- ☑(1)　富士山は阿蘇山より高い。　　　　　　　　　　　　（ high ）
  Mt. Fuji is [　　　　　　　] than Mt. Aso.
- ☑(2)　これは私の町でいちばん古い建物です。　　　　　　（ old ）
  This is the [　　　　　　　] building in my city.
- ☑(3)　私たちの学校ではサッカーが野球より人気です。　（ popular ）
  Soccer is [　　　　] [　　　　　　] than baseball in
  our school.
- ☑(4)　あなたの人生でいちばん大切なものは何ですか。（ important ）
  What's the [　　　　] [　　　　　　] thing in your life?
- ☑(5)　勇太はマイクより上手にギターを弾きます。　　　（ well ）
  Yuta plays the guitar [　　　　　　] than Mike.

4 【比較の文】

[　　]に適する語を書きましょう。

- ☑(1)　あなたのかばんは私のより大きい。
  Your bag is [　　　　　　] [　　　　　　] mine.
- ☑(2)　3冊のうちで，この本がいちばんやさしい。
  This book is [　　　　　] [　　　　　　] of the three.
- ☑(3)　あなたの家族でだれがいちばん早く起きますか。
  Who gets up [　　　　　] [　　　　　]
  [　　　　　] your family?
- ☑(4)　この映画はもう一方の映画より有名ですか。　もう一方の：the other
  Is this movie [　　　　　] [　　　　　]
  [　　　　　] the other one?

得点アップアドバイス

2
(2) early は，まず語尾の y を i にかえる。

(4) e で終わる語は，r, st だけをつける。

(6)(7) interesting や beautiful はつづりの長い語。

3

つづりの長い語の最上級はどうするんだっけ？

(5) well（うまく）は不規則変化の語。

4
(2) 最上級の前につける語がある。

(3) family は範囲を表すと考える。

(4) 比較級の形に注意。

1 🎵【リスニング】
イラストの様子を表している英文として，もっとも適切なものを選びましょう。

(1)

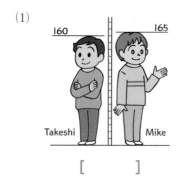

[　　　　　]

(2)

[　　　　　]

2【適語選択】
[　　]内から適する語句を選びましょう。

(1) March is [long / longer / longest] than February.

ミス注意 (2) That is [taller / tallest / the tallest] building in the city.

✓よくでる (3) This movie is [more / most / much] interesting than that one.　　movie：映画

✓よくでる (4) Mike swims the fastest [of / by / in] the three.

✓よくでる (5) Kumi has [many / more / most] CDs than Lisa.

3【適語補充】
(　　)内の語を＿＿＿に適する形にして書きましょう。2語になる場合もあります。

(1) カナダはオーストラリアより大きい。　　　　　　　　　　　　　　　(large)

Canada is ＿＿＿＿＿＿＿＿＿ than Australia.

(2) 私は，このケーキが全部の中でいちばんおいしいと思います。　　(good)

I think this cake is the ＿＿＿＿＿＿＿＿ of all.

ミス注意 (3) もっとゆっくり話してくれますか。　　　　　　　　　　　　　　(slowly)

Can you speak ＿＿＿＿＿＿＿ ?

4【適語補充】
[　　]に適する語を書きましょう。

(1) 母は今日，父より忙しい。
Mom is [　　　　　] [　　　　　] Dad today.

(2) 数学の試験は理科の試験よりも難しかった。　　数学：math　　理科：science
The math test was [　　　　] [　　　　] [　　　　] the
science test.

(3) 今が一日でいちばん暑い時間だから，家にいよう。

It's [　　　　　　] [　　　　　　　] time of the day now, so let's stay home.

✓よくでる (4) 由香はみんなの中でいちばんテニスが上手です。

Yuka plays tennis [　　　　　　] [　　　　　　] [　　　　　　] all.

5 【並べかえ】

次の日本文の意味を表す英文になるように，（　　）内の語句を並べかえましょう。

(1) さやかは真希よりうれしそうに見えました。

(looked / Maki / than / happier / Sayaka)

_____

✓よくでる (2) 富士山は日本でいちばん高い山です。

(highest / Japan / is / mountain / the / Mt. Fuji / in)

_____

6 【和文英訳】

次の日本文を英語にしましょう。

(1) 速さより安全のほうが大切です。　　　　　　速さ：speed　　安全：safety

_____

(2) 健二（Kenji）は彼のお母さんより早く起きました。

_____

(3) あなたの国でいちばん人気のスポーツは何ですか。　　国：country　　スポーツ：sport

_____

入試レベル問題に挑戦

7 【並べかえ】

次の対話文を読み，下線部(1)(2)の（　　）内の語を並べかえて，英文を完成しましょう。

Emi: This is my room.

Lisa: Wow! It's nice. (1) (room / larger / your / than / is) mine.

Emi: Oh, really?

Lisa: Yeah. 〔本棚を見て〕You have a lot of books!　Did you read all of these?

Emi: Yes.　I love reading.

Lisa: (2) (the / which / of / most / is / interesting / all)

Emi: Well ...　That's a difficult question.　I think this one is the best.

(1) _____ mine.

(2) _____

比較② （as 〜 as … など）

🔗 リンク
ニューコース参考書
中2英語
p.164〜168

攻略のコツ as 〜 as … と not as 〜 as … の使い分けがよく問われる！

テストに出る！ **重要ポイント**

● 「…と同じくらい〜」 ❶ 「…と同じくらい〜」 というときは，**as 〜 as** …で表す。
の表し方 ❷ 否定の **not as 〜 as** …は 「…ほど〜ではない」 の意味。
I'm **as tall as** Kumi. （私は久美と同じくらいの背の高さです。）
I'm **not as tall as** Yuka. （私は由香ほど背が高くありません。）

● 「どちらがより〜か」 ● 「AとBではどちらがより〜か」 は，〈**Which … 比較級**,
を表す文 ***A* or *B*?**〉 で表す。人の場合は who を使う。

● 「〜のほうが好き」 を ❶ 「BよりAのほうが好き」 は like *A* **better than** *B*。
表す文 ❷ 「Aがいちばん好き」 は like *A* **(the) best (of / in** …**)**。
I like blue **better than** red.
（私は赤より青のほうが好きです。）
I like blue **the best of** all colors.
（私はすべての色の中で青がいちばん好きです。）

● 注意すべき比較の文 ❶ 〈**比較級＋than any other** …〉 で 「ほかのどの…よりも
〜」 という意味。any other のあとの名詞は単数形。
❷ 「○番目に」 というときは 〈**the＋序数＋最上級**〉 で表す。
❸ 「…の○倍」 というときは，**as 〜 as** …の前に ○ **times**
をおく。「2倍」 は twice, 「半分」 は half を使う。

Step 1 基礎力チェック問題

解答▶ 別冊p.30

1 【さまざまな比較の文】
[   ]内から適する語句を選びましょう。

📈 **得点アップアドバイス**

☑ (1) 私のかばんはあなたのと同じくらいの大きさです。
My bag is as [big / bigger / biggest] as yours.

☑ (2) あなたのチームとジムのチームではどちらのほうが強いですか。
Which is [strong / stronger / strongest], your team or Jim's?

☑ (3) 勇太はパンよりご飯のほうが好きです。　　　　ご飯（米）：rice
Yuta likes rice [well / better / best] than bread.

☑ (4) 私は全教科の中で国語がいちばん好きです。　　教科：subject
I like Japanese [better / the best / the more] of all subjects.

1 ⋯⋯⋯⋯⋯⋯⋯⋯
(3) than が あ る こ と に
注目。

2 【as 〜 as … の文】
[ ]に適する語を書きましょう。

☑ (1) 兄は父と同じくらいの身長です。
My brother is [　　　　　] [　　　　　] as my father.
☑ (2) リサは久美と同じくらい速く走ります。
Lisa runs [　　　　　] [　　　　　] as Kumi.
☑ (3) この本はあの本ほど難しくありませんでした。
This book [　　　　] [　　　　] [　　　　]
as that one.

3 【「どちらがより〜か」の文】
[ ]に適する語を書きましょう。

☑ (1) この箱とあの箱ではどちらのほうが小さいですか。
Which is [　　　　], this box [　　　　] that one?
☑ (2) あなたの学校ではサッカーと野球のどちらが人気ですか。
Which is [　　　] [　　　　] in your school,
soccer [　　　　] baseball?
☑ (3) 健二とエドではどちらのほうが速く走りますか。
[　　　　] runs [　　　　], Kenji [　　　　] Ed?

4 【「Aのほうが好き」「Aがいちばん好き」の文】
[ ]に適する語を書きましょう。

☑ (1) 私はねこより犬のほうが好きです。
I like dogs [　　　　] [　　　　] cats.
☑ (2) 彼は3冊のうちではこの本がいちばん好きです。
He likes this book [　　　　] [　　　　] of the three.
☑ (3) 健二は野球がいちばん好きです。
Kenji [　　　　] baseball [　　　] [　　　].

5 【注意すべき比較の文】
[ ]に適する語を書きましょう。

☑ (1) テニスはほかのどのスポーツよりもわくわくします。
Tennis is more exciting than [　　　] [　　　] sport.
☑ (2) 利根川は日本で2番目に長い川です。
The Tone River is [　　　] [　　　] [　　　] river in Japan.
☑ (3) この車はあの車の3倍高価です。
This car is [　　] [　　] [　　] expensive as that one.

得点アップアドバイス

2
(1) 「同じくらいの身長」は「同じくらい背が高い」と考える。

(3) 動詞がないことに注意。空所の数から短縮形を使う。

3
(1) 「小さい」は small を使う。

つづりの長い語の比較級に注意。

(3) 人の場合は，ふつう which ではない。

4
(2) 「…のうち（いちばん〜）」は，「…」が複数を表す語なら of …，範囲や場所を表す語なら in … で表す。
(3) 主語は3人称単数。

1 ♪ 【リスニング】
イラストの様子を表している英文として，もっとも適切なものを選びましょう。

(1)

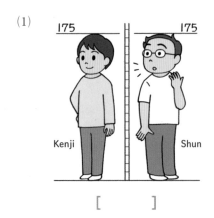

[　　　]　[　　　]

(2)

[　　　]　[　　　]

2 【適語選択】
[　　]内から適する語句を選びましょう。

✓よくでる (1) Mike is as [taller / tallest / tall] as Akira.

ミス注意 (2) Money [not as / isn't as / as not] important as life.　　life：命

(3) My father likes green [better / the best / more] of all colors.

(4) Which is [better / more / most] interesting, this movie or that one?

(5) I like curry [higher than / best of / better than] pizza.

3 【適語補充】
[　　]に適する語を書きましょう。

(1) 私は母と同じくらい早く起きました。
I got up [　　　　　] [　　　　　　] [　　　　　　　] my mother.

(2) 姉はヒマワリよりバラのほうが好きです。　　ヒマワリ：sunflower　　バラ：rose
My sister [　　　　　] roses [　　　] [　　　　　]
sunflowers.

ミス注意 (3) この本とあの本ではどちらのほうが難しいですか。
[　　　　　] is [　　　] [　　　　　　], this book
[　　　　　] that one?

(4) トムと私は夏がいちばん好きです。
Tom and I [　　　　　] summer [　　　　] [　　　　　].

ハイレベル (5) あなたは海と山ではどちらのほうが好きですか。
[　　　　] do you [　　　　] [　　　　　], the sea
[　　　　] the mountains?

4 【並べかえ】

次の日本文の意味を表す英文になるように，（　　）内の語句を並べかえましょう。

(1) 今，この映画は他のどの映画よりも人気があります。

（ is / popular / more / this movie / other movie / than any ）now.

_____ now.

(2) 父は飛行機より列車のほうが好きです。

（ better / trains / likes / my father / planes / than ）

_____

✓よくでる (3) 阿蘇山と浅間山ではどちらが高いですか。

（ higher / Mt. Asama / is / or / Mt. Aso / which ）

_____

5 【和文英訳】

次の日本文を英語にしましょう。

(1) 私は佐藤先生（Ms. Sato）の授業がいちばん好きです。　　　　　授業：class

_____

(2) この部屋は私たちの教室の3倍の広さです。

_____

(3) 私は姉ほど上手にピアノを弾けません。

_____

入試レベル問題に挑戦

6 【和文英訳】

次の対話文を読み，下線部(1)，(2)の日本文を英語にしましょう。

Yuta: Hi, Jim. Are you looking at a map?

Jim : Yes. (1) 山形は宮城と同じくらいの大きさに見えるな。

Yuta: Actually, I think Yamagata is bigger than Miyagi.

Jim : Oh, really? (2) 東京と大阪ではどっちが小さいの？

Yuta: Well... I don't know. How about going to the library to find out?

Jim : OK.　　　　　actually：実際は　　find out：調べる，解明する

(1) _____

(2) _____

💡 **ヒント**

(1)「～に見える」と言っていることに注意。動詞は be 動詞ではない。

定期テスト予想問題 ⑤

時間 ▶ 50分
解答 ▶ 別冊p.32

得点

／100

出題範囲：when・if・because・that，比較の文

1 ♪ 【リスニング】会話と，それに関する質問が流れます。質問の答えとしてもっとも適切なものを選びなさい。　　　　　　　　　　　　　　　　【4点×3】

(1)　ア　Because there was an accident.
　　　イ　Because he had to wait for a bus.
　　　ウ　Because he got lost on his way.

(2)　ア　He gets up earlier than the woman.
　　　イ　He will come to the party.
　　　ウ　He will do his homework on Sunday.

(3)　ア　Dust Remover is the most expensive in the store.
　　　イ　E-Cyclone is cheaper than Dust Remover.
　　　ウ　E-Cyclone has higher quality than Dust Remover.

(1)		(2)		(3)	

2 次の英文の[　　]内から適するものを選び，記号で答えなさい。　　【3点×4】

(1)　Jim was listening to music [ア that　イ when　ウ if] his mother came into his room.

(2)　She says [ア because　イ when　ウ that] Satomi plays the piano very well.

(3)　I like music better than [ア no other　イ any other　ウ all] subject.

(4)　Which is more popular in your class, soccer [ア or　イ and　ウ than] baseball?

(1)		(2)		(3)		(4)	

3 次の日本文の意味を表す英文になるように，＿＿に適する語を書きなさい。　　【4点×6】

(1)　もしテレビを見たいなら，まず宿題をしなさい。
　　　_____ you want to watch TV, _____ your homework first.

(2)　母を手伝わなくてはならないので，今日はあなたを訪ねることができません。
　　　I _____ visit you today _____ I have to help my mother.

(3)　和也が私のクラスでいちばん上手な選手です。
　　　Kazuya is the _____ player _____ my class.

(1)			(2)	
(3)				

4 次の日本文の意味を表す英文になるように，（　　）内の語句を並べかえなさい。　【8点×4】

(1) 雨が降っていたので私たちはサッカーができませんでした。
We (soccer / raining / it / because / couldn't / was / play).

(2) あなたが私に電話をくれたとき，私は本を読んでいました。
(you / I / when / reading / called / was / me) a book.

(3) 大島先生は私の母と同い年です。
Ms. Oshima (as / my mother / old / as / is).

(4) 私は兄より速く泳げます。
I (swim / my brother / can / than / faster).

(1)	We	.
(2)		a book.
(3)	Ms. Oshima	.
(4)	I	.

5 クラスで簡単な登山をすることになりました。どの山に行きたいか，クラス内のアンケート結果が発表されます。プレゼンテーションの原稿を読んで，表の(1)〜(4)に入る山の名前を答えなさい。　【5点×4】

プレゼンテーションの原稿

Mt. Akane is the highest mountain of the four.
Eighteen students answered that they wanted to go there, but I think it's a little too far from here.
Mt. Asagi is as popular as Mt. Akane.
Mt. Asagi is a little higher than Mt. Midori.
Mt. Sakura is the lowest mountain of all. It's also the nearest mountain to here, but no one wanted to go there.

Where do you want to go?

name of mountain	number of students	height
(1)	18	720 m
(2)	18	980 m
(3)	4	700 m
(4)	0	450 m

(1) Mt.	(2) Mt.	(3) Mt.	(4) Mt.

18 受け身

攻略のコツ 〈be動詞＋過去分詞〉の形を正しく書けるかがよく問われる！

テストに出る！ **重要ポイント**

● **「〜される」を表す文** ❶「〜される」というときは〈be動詞＋過去分詞〉で表す。
　　　　　　　　　　❷「…によって」というときは，by … を続ける。

　　　　　The park **is cleaned by** volunteers.

　　　　　（その公園はボランティアの人たちによってそうじされます。）

● **過去分詞** ● 多くの過去分詞は過去形と同じだが，過去形とはちがうものもある。

speak（話す）— **spoken**	write（書く）	— **written**
see（見る）　— **seen**	eat（食べる）	— **eaten**
take（取る）　— **taken**	know（知っている）— **known**

● **否定文** ● 否定文は be動詞のあとに **not**。

　　　　　This song **isn't known** in my country.

　　　　　（この歌は私の国では知られていません。）

● **疑問文** ● 疑問文は **be動詞で文を始める**。

　　　　　Is this song **known** in your country?

　　　　　（この歌はあなたの国で知られていますか。）

Step 1　基礎力チェック問題

解答 別冊p.33

1 【受け身の文】
[　]内から適する語を選びましょう。

☑(1) この車は日本でつくられています。
This car is [make / making / made] in Japan.

☑(2) グリーン先生は多くの生徒に好かれています。
Ms. Green is [likes / liked / like] by many students.

☑(3) この写真は5年前に撮られました。
This picture [is / was / were] taken five years ago.

☑(4) すしはアメリカで食べられています。
Sushi is [eat / ate / eaten] in the U.S.

☑(5) この本は太宰治によって書かれました。
This book was written [with / by / of] Dazai Osamu.

得点アップアドバイス

1 ･････････････････
(1) be動詞のあとに動詞の〜ing形を続けると，進行形（〜している）になる。

(3) 過去の文ではbe動詞の過去形を使う。

受け身の意味
〈be動詞＋過去分詞〉は，「〜される」のほか「〜されている」という習慣や状態も表す。

2 【過去分詞】
次の動詞の過去分詞を書きましょう。

- [✓] (1) wash [　　　　　]
- [✓] (2) clean [　　　　　]
- [✓] (3) use [　　　　　]
- [✓] (4) play [　　　　　]
- [✓] (5) build [　　　　　]
- [✓] (6) read [　　　　　]
- [✓] (7) speak [　　　　　]
- [✓] (8) write [　　　　　]
- [✓] (9) take [　　　　　]
- [✓] (10) see [　　　　　]

3 【受け身の文】
[　　]に適する語を書きましょう。

- [✓] (1) その門は7時に開かれます。　　　　　　　　　開く：open
  The gate [　　　　　] [　　　　　] at seven.
- [✓] (2) 彼女の本は世界中で読まれています。
  Her books [　　　　　] [　　　　　] around the world.
- [✓] (3) このカメラは30年前に使われていました。
  This camera [　　　　　] [　　　　　] thirty years ago.
- [✓] (4) 私たちはパーティーに招待されました。　　　招待する：invite
  We [　　　　　] [　　　　　] to the party.
- [✓] (5) この国ではスペイン語が話されています。　　スペイン語：Spanish
  Spanish [　　　　　] [　　　　　] in this country.
- [✓] (6) このケーキはメグによって作られました。
  This cake was [　　　　　] [　　　　　] Meg.

4 【受け身の否定文・疑問文】
[　　]に適する語を書きましょう。

- [✓] (1) この鳥は日本では見られません。
  This bird [　　　　　] [　　　　　] in Japan.
- [✓] (2) その車はこの前の日曜日には洗われませんでした。
  The car [　　　　　] [　　　　　] last Sunday.
- [✓] (3) あなたの学校でフランス語は教えられていますか。
  [　　　　　] French [　　　　　] at your school?
- [✓] (4) これらの写真はマイクによって撮られたのですか。
  [　　　　　] these pictures [　　　　　] by Mike?
- [✓] (5) この塔はいつ建てられましたか。　　　　　　塔：tower
  When [　　　　　] this tower [　　　　　]?
- [✓] (6) この部屋は毎日そうじされるのですか。── はい，されます。
  [　　　　　] this room [　　　　　] every day?
  ── Yes, it [　　　　　].

得点アップアドバイス

2
(1)～(4)は規則動詞で，過去形も過去分詞も ed または d をつける。
(5)(6)は不規則動詞だが，過去形と過去分詞は同じ形。
(7)～(10)は不規則動詞で，過去形と過去分詞はちがう形。

3
(2) 主語は books と複数。read（読む）の過去分詞にも注意。
(3)(4) 過去の文にする。

(6) 「～によって」を表す語を使う。

4
(1) see（見る）を使う。

(3) teach（教える）の過去分詞は過去形と同じ taught。
(4) 過去の疑問文で，主語は複数。
(5) 受け身の疑問文の最初に When がついた形。
(6) 受け身の疑問文は be 動詞で文を始める。答えるときも be 動詞を使う。

Step 2 実力完成問題

1 ♪【リスニング】
イラストを参考に，英文と応答を聞き，応答としてもっとも適切なものを選びましょう。

(1)
[   ]

(2)
[   ]

2 ♪【リスニング】
会話と，それに関する質問が流れます。質問の答えとしてもっとも適切なものを選びましょう。

(1) ア　She is a salesclerk.
　　イ　She is a library staff member.
　　ウ　She is a university student.

(2) ア　The man does not have a special ticket.
　　イ　The man got lost in the museum.
　　ウ　The man passed the entrance without paying.

3【適語選択】
[　　]内から適する語句を選びましょう。

(1) New York is [visiting / visit / visited] by many people.
(2) The computers [use / are used / are using] every day.
ミス注意 (3) This building [builds / built / was built] last year.
(4) [Are / Did / Do] his books sold in your country?　　　　sold : sell の過去分詞
(5) [I don't / I'm not / I won't] invited to the party.
ミス注意 (6) [Did / Was / Is] the car washed yesterday?

4【適語補充・語形変化】
(　　)内の語を，[　　]に適する形にして書きましょう。

(1) Sayaka is [　　　　　　　] by everyone.　　　　　　　　　　　　(love)
(2) This clock was [　　　　　　　] 100 years ago.　clock : かけ時計　(make)
ミス注意 (3) His books are [　　　　　　　] by many young people.　　　　(read)
(4) These letters were [　　　　　　　] by a famous musician.　　　(write)
(5) Is this flower [　　　　　　　] in Asia?　　Asia : アジア　　　　(see)

5 【並べかえ】
次の日本文の意味を表す英文になるように，（　　）内の語句を並べかえましょう。

(1) その絵はピカソによってかかれました。　　　　ピカソ：Picasso　　（絵の具で）かく：paint
(by / the picture / painted / was / Picasso)

_____

(2) この CD は日本では売られていません。
(sold / CD / in / isn't / Japan / this)

_____

6 【和文英訳】
次の日本文を英語にしましょう。

(1) この映画は 1 人の大学生によって作られました。　　　（1人の）大学生：a university student

_____

(2) この写真は北海道で撮られました。

_____

(3) この本は 50 年前に書かれました。

_____

入試レベル問題に挑戦 ································

7 【並べかえ】
次の対話文を読み，下線部(1)(2)の（　　）内の語句を並べかえて，英文を完成させましょう。

Kate : Wow! There are so many people!
Maki: Yeah. Kyoto is a very popular tourist site.
　　(1) (visited / a lot of / is / by / it / people) every year.
Kate : I see.
Maki: Kate, this is Kiyomizu Temple.
Kate : Oh, it's very nice, and it looks very old.
　　(2) (was / when / built / the temple)?
Maki: According to this book, about 1,200 years ago.

　　　　tourist site：観光地　　I see.：なるほど。　　Kiyomizu Temple：清水寺　　according to 〜：〜によると

(1) _____ every year.

(2) _____ ?

> **ヒント**
> (1) it は前の Kyoto をさしている。visited と is があることに注目。(2) when の疑問文を考える。

19 現在完了形

攻略のコツ 〈have＋過去分詞〉とその否定文・疑問文の形がよく問われる！

テストに出る！**重要ポイント**

● **現在完了形の意味**　● 〈have[has]＋過去分詞〉の形を現在完了形と呼び，過去とつながりのある現在の状態を表す。
I **have been** busy since yesterday.
（私は昨日からずっと忙しいです。）

● **用法① 「継続」**　❶ 「（今まで）ずっと〜している」という**継続**を表す。
❷ 動作について継続を表す場合は，〈have[has] been ＋ ing 形〉の現在完了進行形を使う。
He **has been running** for an hour.
（彼は1時間ずっと走っています。）

● **用法② 「経験」**　❶ 「（今までに）〜したことがある」という**経験**を表す。
❷ have been to 〜は「〜へ行ったことがある」の意味。
I **have been to** Kyoto. （私は京都に行ったことがあります。）

● **用法③ 「完了」**　❶ 「〜したところだ」「〜してしまった」と**完了**を表す。
❷ just（ちょうど）や already（すでに）などをよく使う。
The bus **has just left.** （バスはちょうど出発したところです。）

● **否定文・疑問文**　● 否定文は have[has] のあとに **not** を入れる。疑問文は **Have[Has]** で文を始め，Have you 〜? などの形にする。

Step 1　基礎力チェック問題

解答 ▶ 別冊 p.35

1　【現在完了形（継続）／現在完了進行形】
[　　]に適する語を書きましょう。

☑ (1) ロイと私は 2018 年からの知り合いです。
Roy and I [　　　　] [　　　　] each other since 2018.

☑ (2) あなたはどのくらいの間，この街に住んでいますか。
How long [　　　　] [　　　　] [　　　　] in this city?

☑ (3) 朝からずっと雨が降っています。
It [　　　　] [　　　　] [　　　　] since this morning.

☑ (4) メグは1時間ずっとピアノを練習し続けています。
Meg [　　　　] [　　　　] [　　　　] the piano for an hour.

得点アップアドバイス

1 ･････････････････
現在完了形の形
〈have[has]＋過去分詞〉
で表す。

現在完了進行形の形
〈have[has] been＋ing
形〉で表す。

2 【現在完了形（経験）】
[　　]に適する語を書きましょう。

☑ (1) 私はニューヨークに2回行ったことがあります。

I [　　　　] [　　　　　] to New York twice.

☑ (2) あなたは今までにこの本を読んだことがありますか。

[　　　] [　　　　] [　　　　] read this book?

☑ (3) カイルはうそをついたことは一度もありません。　　うそをつく：tell a lie

Kyle [　　　　] [　　　　] [　　　　] a lie.

☑ (4) こんなに大きなりんごは一度も見たことがありません。

I [　　　] [　　　　] [　　　　] such a big apple.

☑ (5) ヨーロッパには何回行ったことがありますか。

How [　　　] [　　　　] [　　　　] you been to Europe?

3 【現在完了形（完了）】
[　　]に適する語を書きましょう。

☑ (1) 私はちょうど学校に着いたところです。

I've [　　　　] [　　　　] to school.

☑ (2) グレッグはまだ宿題を終えていません。

Greg [　　　　] [　　　　] his homework yet.

☑ (3) かぎは見つかりましたか。

[　　　] [　　　　] found the key?

☑ (4) 彼は荷物をもう配達しましたか。　　荷物：parcel

[　　　　] he delivered the parcel [　　　]?

☑ (5) 列車はすでに駅に到着しています。

The train [　　　　] [　　　　] [　　　　] at the station.

4 【現在完了形の文でよく使う語】
適する語を下の[　　]から選び，[　　]に書きましょう。

☑ (1) 高橋先生は昨日からずっと忙しいです。

Mr. Takahashi has been busy [　　　　] yesterday.

☑ (2) もうすべての問題に答えてしまったのですか。

Have you answered all the questions [　　　　]?

☑ (3) あなたはこれまでに飛行機に乗ったことはありますか。

Have you [　　　　] got on an airplane?

☑ (4) ナンシーは1時間ずっと走り続けているのですか。

Has Nancy been running [　　　　] an hour?

| ever | since | once | for | yet | never |

1 ♪【リスニング】
会話と，それに関する質問が流れます。質問の答えとしてもっとも適切なものを選びましょう。

(1) ア He visited Moonlight Theater for the first time last week.
イ He did not know about Moonlight Theater at all.
ウ He has never seen a movie at Moonlight Theater.

(2) ア Once.
イ Ten times.
ウ Twenty times.

(3) ア He has got lost.
イ He made a wrong call.
ウ The café is closed.

2 【適語補充】
次の日本語に合うように，適する語を [　　] に書きましょう。

✓よくでる (1) 私は長い間ずっと広島に住んでいます。
I [　　　] [　　　　] in Hiroshima [　　　] a long time.

✓よくでる (2) あなたは今までにグアムに行ったことはありますか。
[　　　] [　　　] [　　　　] been to Guam?

ミス注意 (3) サッカーの試合はまだ始まっていません。
The soccer game [　　　] [　　　] started [　　　].

✓よくでる (4) シェーンは朝からずっとテレビを見ています。
Shane [　　　] [　　　] [　　　　] TV since this morning.

3 【対話文完成】
次の対話文が成り立つように，[　　] に適するものを選びましょう。

(1) A: Have you decided on your plans for summer vacation?
B: [　　　]
ア No, not yet.　　イ I don't have.　　ウ Go ahead.

ハイレベル (2) A: [　　　]
B: I've been there twice. I went there when I was five and went again last year.
ア How long have you lived in Hokkaido?
イ How many times have you been to Hawaii?
ウ When did you finish reading the book about China?

④ 【並べかえ】
次の日本文の意味を表す英文になるように，（　　）内の語句を並べかえましょう。
ただし，それぞれの選択肢には使わない語句が 1 つ含まれています。

✔よくでる (1)　あなたはもう数学の宿題をしましたか。

（ yet / just / done / math homework / you / have / your ）?

_____?

(2)　あなたはどのくらいの間ジャックと知り合いなのですか。

（ have / known / you / long / many / how ）Jack?

_____ Jack?

ミス注意 (3)　スーザンは日本のロックを一度も聞いたことがありません。

Susan （ never / Japanese rock / listened / has / no / to ）.

Susan _____.

⑤ 【和文英訳】
次の日本文を英語にしましょう。

✔よくでる (1)　あなたは今までに中国へ行ったことはありますか。

_____

ハイレベル (2)　昨日の夜からずっと雪が降っています。

_____

入試レベル問題に挑戦

⑥ 【語形変化】
次の（　　）内の語をもっとも適切な形にしましょう。

A: Have you ever ①(be) to the U.S.?
B: Yes, I have. I ②(go) to New York with my sister last year.
A: Sounds great. Do you often go on trips together?
B: Yes, we both like traveling. We've ③(travel) to many places together so far.

①[　　　　　　　]　②[　　　　　　　]　③[　　　　　　　]

> **ヒント**
> ② last year（去年）のように具体的に過去のことを言うときには現在完了形ではなく過去形を使う。

20 間接疑問文

リンク
ニューコース参考書
中2英語
p.212〜213

攻略のコツ 疑問詞のあとの〈主語＋動詞〉の語順と意味がよく問われる！

テストに出る！ 重要ポイント

● 文の中の疑問文（間接疑問文）

❶ 疑問詞で始まる疑問文が別の文に組みこまれたものを**間接疑問文**という。

❷ 間接疑問文の**疑問詞**のあとは 〈**主語＋動詞**〉の語順。

Who is he? （彼はだれですか。）

I don't know **who** he is. （私は彼がだれなのか知りません。）
　　　　　　　know の目的語になっている

※疑問詞が主語になっている場合は，〈疑問詞＋動詞〉の語順はかわらない。

I know **who** broke the window.

（私はだれが窓を割ったのか知っています。）

❸ 助動詞を使った疑問文が組みこまれる間接疑問文は，〈疑問詞＋主語＋助動詞＋動詞〉の語順になる。

I want to know **when** Amy will come.

（私はエイミーがいつ来るのか知りたいです。）

Step 1 基礎力チェック問題

解答 別冊 p.36

1 【間接疑問文の語順】
（　　）内の疑問文を組みこんだ間接疑問文をつくりましょう。

☑ (1) Do you know _____ ?
　　（ Who is that man? ）

☑ (2) I don't understand _____ .
　　（ What do you mean? ）

☑ (3) Can you tell me _____ ?
　　（ What time is it? ）

☑ (4) I'll ask Miku _____ .
　　（ When will she come? ）

得点アップアドバイス

1 ....

〈疑問詞＋主語＋動詞〉の語順に気をつけよう。

2 【いろいろな疑問詞／間接疑問文】
適する語句を[　　]内から選びましょう。

☑ (1) 私は彼がどこで勉強しているのか知りません。

I don't know [who / where / when] he is studying.

☑ (2) あなたたちはそれが何か知っていますか。

Do you know [what is it / what it is / it is what]?

☑ (3) あなたは彼の腕時計がいくらだったかわかりますか。

Can you guess [how long / how many / how much] his watch was?

☑ (4) 私はかぎをどこに置いてきてしまったのでしょうか。

I wonder [where did I leave / where I did leave / where I left] my key.

☑ (5) あなたはボブがどこに行くか知っていますか。

Do you know [where will Bob go / where Bob will go / Bob will go where]?

2

(2) **間接疑問文の語順**
疑問詞で始まる疑問文が別の文に組みこまれると，〈疑問詞＋主語＋動詞 ～〉の語順になる。

3 【間接疑問文】
適する語を[　　]に書きましょう。

☑ (1) 私は彼女がだれなのか知っています。

I know [　　　　] [　　　　　] [　　　　　　].

☑ (2) 私たちはこれが何か知りません。

We don't know [　　　　] [　　　　　]
[　　　　　].

☑ (3) さくら（Sakura）がどこにいるのか，私に教えてくれますか。

Can you tell me [　　　　] [　　　　　]
[　　　　　]?

☑ (4) あなたは彼がいつここへ来る予定なのか知っていますか。

Do you know [　　　　] [　　　　　]
[　　　　　] be here?

☑ (5) 先生は私たちに，だれがその窓を割ったのかたずねました。

Our teacher asked us [　　　　　] [　　　　　] the window.

☑ (6) 電車がいつ到着するのか教えていただけますか。

Could you tell me [　　　　　] [　　　　　]
[　　　　　] arrives?

3

間接疑問文は〈疑問詞＋主語＋（助動詞＋）動詞〉の語順になる。

(5) Who broke the window?（だれがその窓を割りましたか。）を別の文の中に入れるときは，〈疑問詞＋動詞〉の語順はかわらない。

1 ♪【リスニング】

会話と，それに関する質問が流れます。質問の答えとしてもっとも適切なものを選びましょう。

(1)　ア　The man does not know where the bus will go.

　　イ　The woman does not know why the bus is delayed.

　　ウ　The woman does not know when the bus will arrive exactly.

(2)　ア　He didn't know what the tall building was.

　　イ　He told the woman what a library is.

　　ウ　He does not remember where the library is.

2【適語補充】

次の日本文に合うように，適する語を[　　]に書きましょう。

✓よくでる (1)　健はなぜ太郎（Taro）がそんなに喜んでいるのかわかりません。

　　Ken doesn't know [　　　　　　] [　　　　　　] [　　　　　　] so happy.

(2)　私がパーティーに何を持っていくべきなのか，あなたは覚えていますか。

　　Do you remember [　　　　　　] [　　　　　　] [　　　　　　] bring to the party?

(3)　彩はあれがだれの家か知りません。

　　Aya doesn't know [　　　　　　] [　　　　　　] that is.

(4)　今日は何曜日か教えてくれませんか。

　　Can you tell me [　　　　　　] [　　　　　　] [　　　　　　] is today?

ミス注意 (5)　どちらがマキのバッグなのか，私にはわかりません。

　　I don't know which [　　　　　　] [　　　　　　] [　　　　　　].

3【並べかえ】

次の日本語の意味を表す英文になるように，（　　）内の語句を並べかえましょう。
ただし，それぞれに1つ足りない語を補うこと。

(1)　だれがこのコンピューターを使ったか教えてください。

　　(tell / computer / who / me / please / this)

_____

(2)　卓也は何時にそこへ行かなければならないか彼女にたずねました。

　　(time / Takuya / there / go / he / had / asked / her / to)

_____

(3) あなたはめぐみが昨夜は何時に帰宅したかわかりますか。

(got home / last night / you / Megumi / do / what / know)

_____

④ 【和文英訳】
次のような場合，英語でどのように言うか書きましょう。

✔よくでる (1) 「私はあの女性がだれだか知っています」と言う場合。

_____

(2) 「マイクは彼女が何が好きか知っていますか」とたずねる場合。

_____

(3) 「あなたの誕生日はいつなのか教えてくれますか」と相手に依頼する場合。

_____

入試レベル問題に挑戦

⑤ 【和文英訳／内容理解】
次の対話文を読んで，あとの問いに答えましょう。

Kate : Hi, Becky. I went to the new restaurant in our town last night.
It was very nice!
Becky: Really? I didn't know a new restaurant opened.
(そのレストランはどこにあるのか教えてくれる？)
Kate: It's just in front of the post office. You really should go there!
Becky: Oh, I'm late for class!
Tell me what dish you liked the best later.
Kate: All right.

(1) (　　)内の日本文を英語にしましょう。

_____

(2) 本文の内容に合うように，次の質問に英語で答えましょう。
Does Becky know what dish Kate liked the best?

_____

ヒント
(1)「〜してくれますか」と依頼する。(2) ベッキーの最後の発言に注目しよう。

定期テスト予想問題 ⑥

出題範囲：受け身の文，現在完了形，間接疑問文

1 ♪【リスニング】会話と，それに関する質問が流れます。質問の答えとしてもっとも適切なものを選びなさい。 【5点×3】

(1) ア He is studying about Japanese food.
　　イ He is making a travel plan.
　　ウ He is trying making soba.

(2) ア A CD.
　　イ Earphones.
　　ウ A gift card.

(3) ア The man is looking for a hotel room.
　　イ The woman lives on the top floor.
　　ウ The hotel does not have a room with a good view.

(1)		(2)		(3)	

2 次の日本文の意味を表す英文になるように，＿＿に適する語を書きなさい。 【3点×13】

(1) 私は 10 年間ずっとこの街に住んでいます。
　　I ＿＿＿＿＿ ＿＿＿＿＿ in this city for 10 years.

(2) これらのコンピューターは生徒たちに使われます。
　　These computers ＿＿＿＿＿ ＿＿＿＿＿ by the students.

(3) 山田先生はちょうど学校を出たところです。
　　Mr. Yamada has ＿＿＿＿＿ ＿＿＿＿＿ the school.

(4) 由美（Yumi）がいつパーティーに来るのか知っていますか。
　　Do you know when ＿＿＿＿＿ ＿＿＿＿＿ come to the party?

(5) 私はハワイには二度行ったことがあります。
　　I ＿＿＿＿＿ ＿＿＿＿＿ to Hawaii ＿＿＿＿＿.

(6) あなたの国では何語が話されていますか。
　　What language ＿＿＿＿＿ ＿＿＿＿＿ in your country?

(1)		(2)	
(3)		(4)	
(5)		(6)	

3 次の（　）内の語を適する形に直しなさい。　　　　　　　　　【3点×3】

⑴　This park is (clean) every day.

⑵　Tom and Yuka have (know) each other for 12 years.

⑶　Akira has (be) to the U.K. three times.

(1)		(2)		(3)	

4 次の日本文を英語にしなさい。　　　　　　　　　　　　　　【8点×2】

⑴　あなたは今までに北海道へ行ったことがありますか。

⑵　この車は日本製です。

(1)	
(2)	

5 次の対話文を読んで，あとの問いに答えなさい。　　　　　　【計21点】

Kate : Hi, Naomi. Are you reading a book?

Naomi: Yes. This is *Botchan*. ①(was / it / by / written) Natsume Soseki.

Kate : Oh, I've heard about him. He is a famous writer, right?

Naomi: Yes. ②(今までに彼の本を読んだことがありますか。)

Kate : No, I haven't.

Naomi: Really? You should read one, then. All of his books are interesting.

Kate : ③Can you tell me (which book should I read) first?

Botchan：『坊っちゃん』　　～, right?：～ですよね。

⑴　下線部①の（　）内の語を並べかえて，英文を完成させなさい。　　（7点）

⑵　下線部②の（　）内の日本文を英語にして，英文を完成させなさい。　（7点）

⑶　下線部③の（　）内の語句を適切な語順に直しなさい。　　　　（7点）

(1)		Natsume Soseki.
(2)		
(3)	Can you tell me	first?

21 その他の学習事項①（会話表現）

リンク ニューコース参考書 中2英語 p.197〜201

攻略のコツ 状況に合った表現が正しく使えるかがよく問われる！

テストに出る！ **重要ポイント**

● **依頼・許可の表現**
- ・Can you ～? / Will you ～?（～してくれますか。）
- ・Could you ～?（～していただけますか。）　※ Can you ～? や Will you ～? よりていねい
- ・Can I ～?　　　（～してもいいですか。）
- ・May I ～?　　　（～してもよろしいですか。）　※ Can I ～? よりていねい
- 〈応答〉・Sure.（もちろん。）　　・No problem.（いいですよ。）
- 　　　・Of course.（もちろん。）・OK. / All right.（はい。）

● **電話での表現**
- ・Hello. This is ～.　　　（もしもし。〈こちらは〉～です。）
- ・May I speak to ～?　　（～をお願いします。）※相手を呼び出してもらう
- ・Just a minute. / Hold on, please.（少しお待ちください。）
- ・Sorry, he's[she's] out.（すみません，～は出かけています。）

● **買い物での表現**
- ・May I help you?　（いらっしゃいませ。[何かおさがしですか。]）
- ・May I try this on?（これを試着してもいいですか。）
- ・How much is it?　（それはおいくらですか。）
- ・I'll take it.　　　（それ[これ]をいただきます。）

● **道案内での表現**
- ・Could you tell me the way to ～?
   　　　　　　　　　（～への行き方を教えていただけますか。）
- ・How can I get to ～?（～へはどうやって行けばいいですか。）

Step 1　基礎力チェック問題

解答▶ 別冊p.39

1【会話表現：依頼・許可／電話】
[　]内から適する語句を選びましょう。

☑ (1) 手伝っていただけますか。
　　[May / Could / Shall] you help me?
☑ (2) 彼女に電話してもよろしいですか。
　　May [you / she / I] call her?
☑ (3) 〔電話で〕もしもし。健二です。
　　Hello. [This is / I'm / That's] Kenji.
☑ (4) 少しお待ちください。
　　[Please / Just / Only] a minute.

得点アップアドバイス

1
(1)「～していただけますか」というていねいな言い方。

(3) この「健二です」は「こちらは健二です」という意味。

2 【会話表現：買い物／道案内】

[　　]内から適する語を選びましょう。

☑ (1) それはおいくらですか。

How [many / much / about] is it?

☑ (2) 駅へはどうやって行けばいいですか。

How can I [get / be / take] to the station?

☑ (3) 〔買い物で〕それをいただきます。

I'll [give / take / make] it.

☑ (4) 2つ目の角で左に曲がってください。

[Leave / Come / Turn] left at the second corner.

3 【さまざまな May I ～?】

次の日本語に合う英文を[　　]から選んで，記号を書きましょう。

☑ (1) 〔店員が客に〕何かおさがしですか。　　[　　]

☑ (2) これを使ってもいいですか。　　[　　]

☑ (3) 〔電話で〕麻里をお願いします。　　[　　]

☑ (4) これを試着してもいいですか。　　[　　]

> ア　May I speak to Mari?　　イ　May I use this?
> ウ　May I try this on?　　エ　May I help you?

4 【さまざまな会話表現】

[　　]に適する語を書きましょう。

☑ (1) 〔友達に，気軽な言い方で〕あなたの辞書を使ってもいい？

[　　　　　][　　　　　　　] use your dictionary?

☑ (2) 郵便局への行き方を教えていただけますか。

Could you tell me the [　　　　　][　　　　　　] the post office?

☑ (3) 〔電話で〕もしもし。さやかです。

Hello. [　　　　　][　　　　　　] Sayaka.

☑ (4) それはおいくらですか。

[　　　　　][　　　　　　] is it?

☑ (5) それをもう一度説明していただけますか。

[　　　　　][　　　　　　] explain it again?

☑ (6) 〔電話で〕ジムをお願いします。── すみません，出かけています。

May I [　　　　　][　　　　　　] Jim?

── Sorry, he's [　　　　　].

2

(2) 「(～に) 到着する」という意味をもつ語を使う。

【その他の道案内の表現】

・Go straight this way.（この道をまっすぐ行ってください。）

・Go along ～.（～に沿って行ってください。）

3

店員が客に声をかける表現は「お手伝いしましょうか」のような意味。

4

(1) 許可を得るときの，気軽な表現。

(2) 「～への行き方」は「～への道」と考える。tell A B(AにBを教える) を使った表現。

(5) 「～していただけますか」というていねいな言い方にする。

1 ♪【リスニング】
イラストを参考に英文と会話を聞き，応答としてもっとも適切なものを選びましょう。

(1)

[　　　]

(2)

[　　　]

2 【適文選択】
次の対話文の [　　] に適する英文をア〜エから選び，記号を○で囲みましょう。

(1) *A:* Excuse me. [　　　　]
　　B: Go along this street, and turn right at the first corner.　　along 〜：〜に沿って
　　　ア　I'll go to the library.　　　　イ　Could you help me?
　　　ウ　How can I get to the library?　エ　Is this a station?

(2) *A:* Hello. This is the Brown's.　　〔電話で〕This is the 〜's.：〜の家です。
　　B: Hello. This is Yuka. [　　　　]
　　　ア　Is this the Brown?　　　　イ　May I speak to Emma?
　　　ウ　Who's calling?　　　　　エ　Hold on, please.

(3) *A:* May I help you?
　　B: Yes. [　　　　]
　　　ア　I'm just looking.　　　　イ　Sorry, I can't.
　　　ウ　I'll help you.　　　　　エ　I'm looking for a blue shirt.

3 【適語補充】
[　　] に適する語を書きましょう。

(1) これを試着してもいいですか。
　　May I [　　　　　　　] this [　　　　　　　]?
(2) 〔友達に，気軽な言い方で〕ドアを開けてくれる？
　　[　　　　　　] [　　　　　　　　] open the door?
(3) 〔電話で〕少々お待ちください。
　　[　　　　　　] [　　　　　　　　] minute, please.
(4) 〔買い物で〕それをいただきます。
　　I'll [　　　　　　] [　　　　　　　].
(5) 東京駅へはどうやって行けばいいですか。
　　How can I [　　　　　　] [　　　　　　　] Tokyo Station?

4 【適文選択】

次のような場合に適切な言い方を￣￣￣から選んで，それぞれ記号で答えましょう。

(1) 目上の人に，「ピアノを弾いてください」とていねいにお願いするとき。 [　　]

(2) 友人の家にあったピアノを見て，弾いていいか気軽にたずねるとき。 [　　]

(3) 窓のそばにいる友人に，「閉めて」と気軽に頼むとき。 [　　]

(4) 同じ部屋にいる目上の人に，窓を閉めていいか，ていねいにたずねるとき。 [　　]

ア	Can I play the piano?	イ	May I close the window?
ウ	Could you play the piano?	エ	Can you close the window?

5 【不適文選択】

次の英文への応答として<u>不適切な</u>ものを1つ選んで，記号を○で囲みましょう。

(1) Will you help me?

　　ア　All right.　　　イ　No, you can't.　　　ウ　No problem.

(2) Hello. This is Yuji. May I speak to Mike?

　　ア　No, he isn't.　　イ　Speaking.　　　ウ　Hold on, please.

6 【和文英訳】

次の日本文を英語にしましょう。

(1) 〔電話で〕さやか（Sayaka）をお願いします。

_____

(2) このかばんはいくらですか。

_____

(3) 駅への道順を教えていただけますか。

_____

入試レベル問題に挑戦

7 【英作文】

次のような場合，英語でどう言いますか。それぞれ書きましょう。

(1) 写真を撮っていいかを，ていねいにたずねる場合。

_____

(2) 妹にかかってきた電話を受け，出かけていると伝える場合。

_____

> 🌸 ヒント
> (1)「〜してよろしいですか」，(2)「すみません，彼女は出かけています」という文を考えよう。

リンク
ニューコース参考書
中2英語

p.186～191
p.210～211
p.225など

22 その他の学習事項② (熟語)

攻略のコツ 熟語をひとまとまりで正しく使えるかが重要！

テストに出る！ **重要ポイント**

● **動詞の熟語**
- look for ～ （～をさがす）
- look at ～ （～を見る）
- go ～ing （～しに行く）
- go out （出かける）
- go away （立ち去る）
- take care of ～（～の世話をする）
- think of ～（～のことを考える）
- speak [talk] to ～ （～と話す）

● **be 動詞の熟語**
- be good at ～ （～が得意である）
- be late for ～ （～に遅れる）
- be interested in ～ （～に興味がある）
- be famous for ～ （～で有名である）

● **時や場所に関する熟語**
- one day （ある日）
- in the future （将来）
- for the first time （初めて）
- long ago （ずっと昔）
- far away （遠くはなれて）
- around the world （世界中で）

● **量や数に関する熟語**
- a lot （たくさん，かなり）
- a lot of ～ （多数／多量の～）
- a little （〈量が〉少しの）
- a few （〈数が〉少しの）

● **その他の熟語的表現**
- how to ～ （～のしかた）
- what to ～ （何を～すればよいか）
- It … for — to ～. （～することは—にとって…。）
- tell 人 to ～ （〈人〉に～するように言う）
- This is …, isn't it? （～ですよね。）※下線部はその文の主語・動詞によってかわる

Step 1 　基礎力チェック問題

解答▶ 別冊 p.40

1 【動詞の熟語】
[ ]内から適する語を選びましょう。

☑ (1) 私たちは昼食を食べて，出かけました。
We had lunch and went [away / on / out].

☑ (2) その看護師さんは病気の子どもたちの世話をしています。
The nurse [takes / makes / gets] care of sick children.

☑ (3) あなたは何をさがしているのですか。
What are you looking [at / like / for]?

☑ (4) 〔電話で〕さやかをお願いします。
May I speak [for / to / about] Sayaka?

得点アップアドバイス

1
(3) どれも look と組み合わさって熟語をつくる。
(4) 直訳すると「さやかと話してもよろしいですか」。

102

2 【be 動詞の熟語】
[   ]に適する語を◻︎から選んで書きましょう。◻︎の語は何度使ってもかまいません。

☑ (1) 兄は英語で話すのが得意です。
My brother is good [   ] speaking in English.
☑ (2) 滋賀県は琵琶湖で有名です。
Shiga is famous [   ] Lake Biwa.
☑ (3) 私は日本史に興味があります。
I'm interested [   ] Japanese history.
☑ (4) ミーティングに遅れないでね。
Don't be late [   ] the meeting.

┌─────────────────────┐
│   for   in   at   │
└─────────────────────┘

3 【時や場所に関する熟語】
[   ]に適する語を◻︎から選んで書きましょう。

☑ (1) あなたは将来，何になりたいですか。
What do you want to be [   ] the future?
☑ (2) 私ははじめてパンダを見ました。
I saw pandas [   ] the first time.
☑ (3) この歌は世界中で知られています。
This song is known [   ] the world.
☑ (4) 彼は故郷から遠く離れて暮らしています。　　故郷：hometown
He lives far [   ] from his hometown.

┌────────────────────────────────┐
│ away   in   around   for   │
└────────────────────────────────┘

4 【量や数に関する熟語／その他の熟語的表現】
[   ]内から適する語句を選びましょう。

☑ (1) 私は昨日，英語をかなり勉強しました。
I studied English [a lot / a little] yesterday.
☑ (2) 箱にはまだりんごがいくつかありました。　　まだ：still
There were still [a little / a few] apples in the box.
☑ (3) 私は彼に，今夜電話をくれるように言います。
I'll [say / tell / speak] him to call me tonight.
☑ (4) この本はあなたのですね。
This book is yours, [isn't / is / doesn't] it?

1 ♪【リスニング】
会話と，それに関する質問が流れます。質問の答えとしてもっとも適切なものを選びましょう。

(1) ア She is going to go shopping with her father.
イ She is going to go fishing for the first time.
ウ She is going to take part in a volunteer event.

(2) ア He is famous for making great romance movies.
イ He is interested in studying about old movies.
ウ He likes watching recent movies very much.

2 【適語補充】
[　　]に適する語を書きましょう。

✔よくでる (1) そのホテルは美しい庭で有名です。
The hotel is [　　　　　] [　　　　　] its beautiful garden.

(2) 姉と私はうちの犬をさがしました。
My sister and I [　　　　　] [　　　　　] our dog.

(3) ある日，由美が私を夕食に招待してくれました。
[　　　　　] [　　　　　], Yumi invited me to dinner.

(4) 写真を撮ることは私にとっておもしろいです。
[　　　　　] is interesting for me [　　　　　] take pictures.

(5) このゲームのしかたを私に教えてくれますか。
Can you tell me [　　　　　] [　　　　　] play this game?

ミス注意 (6) ジムは日曜日に友達と釣りに行きました。　　　　　釣りをする：fish
Jim [　　　　　] [　　　　　] with his friends on Sunday.

3 【同意文への書きかえ】
次の各組の英文がほぼ同じ内容を表すように，[　　]に適する語を書きましょう。

(1) { Mari has many CDs.
{ Mari has a [　　　　　] [　　　　　] CDs.

(2) { Yuta plays basketball very well.
{ Yuta is [　　　　　] [　　　　　] playing basketball.

✔よくでる (3) { My mother said to me, "Clean your room."
{ My mother [　　　　　] me [　　　　　] clean my room.

(4) { The class started at eight thirty, but Kenji came at eight forty.
{ Kenji was [　　　　　] [　　　　　] the class.

④ 【並べかえ】
（　　）内の語句を並べかえて，日本文に合う英文を完成させましょう。

(1) マイク（Mike）は妹の面倒を見なければなりません。
(must / of / his / Mike / care / take /sister)

_____

ハイレベル (2) 久美ははじめて沖縄を訪れました。
Kumi (Okinawa / the / for / visited / time / first).

Kumi _____.

(3) その空港は私の町から遠くはなれたところにあります。
(my town / is / away / far / the airport / from)

_____

⑤ 【和文英訳】
次の日本文を英語にしましょう。

(1) あなたたちは昨日の夜，出かけましたか。

_____

(2) この本は世界中で読まれています。

_____

(3) 彼はその知らせを私に伝えて，立ち去りました。　　　　　　知らせ：news

_____

入試レベル問題に挑戦

⑥ 【和文英訳】
次の英文を読み，下線部(1)(2)の日本文を英語にしましょう。

　　I like fashion magazines. Seeing different clothes is a lot of fun. (1) 私は服を作ることに興味があります。 I sometimes draw original dresses. When I showed some of them to Kaori, she said, "They're very nice!" I was very happy to hear that. (2) 将来はデザイナーになりたいです。　　　　　　　　デザイナー：a designer

fashion magazine：ファッション雑誌　　clothes：衣服　　draw：かく　　original：オリジナルの　　dress：ドレス

(1) _____

(2) _____

　　ヒント
(1)「作ること」は ~ing の形で表す。　　(2)「~になる」は be 動詞で表すことができる。

23 その他の学習事項③（前置詞）

攻略のコツ さまざまな前置詞を適切に使い分けられるかが重要！

テストに出る！ **重要ポイント**

◉ 時を表す前置詞

- **in** April（4月に），**in** summer（夏に），**in** 2021（2021年に）
- **on** July 7（7月7日に），**on** Friday（金曜日に）
- **at** ten（10時に），**at** night（夜に），**at** noon（正午に）
- **before / after** dinner（夕食の前／あとに）
- **for** two weeks（2週間） ・**during** the winter（冬の間）

◉ 場所を表す前置詞

- **in** Japan（日本に），**in** the room（部屋の中に）
- **on** the desk（机の上に），**on** the wall（壁に）
- **at** the door（ドアのところに），**at** the station（駅〈のところ〉で）
- **under** the desk（机の下に） ・**near** the station（駅の近くに）
- **around** the table（テーブルの周りに）

◉ その他の前置詞

- **about** the song（その歌について），**about** ten（約10個，10時ごろ）
- **by** bike（自転車で），**by** the singer（その歌手によって）
- **with** my friends（友達と） ・**without** a coat（コートなしで）
- **for** him（彼のために，彼にとって）

Step 1 基礎力チェック問題

解答▶ 別冊p.42

1 【時を表す前置詞】
[　　　]内から適する語を選びましょう。

☑(1) 私たちは2時に駅に着きました。
We got to the station [in / on / at] two.

☑(2) この本は1988年に書かれました。
This book was written [in / on / at] 1988.

☑(3) 私は土曜日に真希と会う予定です。
I'm going to meet Maki [in / on / at] Saturday.

☑(4) ジョーンズさんは，大阪に3日間滞在しました。
Mr. Jones stayed in Osaka [for / in / about] three days.

☑(5) テレビゲームをする前に宿題をしなさい。
Do your homework [after / before / during] playing video games.

◤◢ 得点アップアドバイス

1
in → on → at の順に，表す時の範囲が小さくなる。
前置詞がつかない場合
時を表す語に this, last, next, every などがつくときは，「〜に」を表す前置詞はつけない。
・this morning（今朝）
・last week（先週）

(5)「前」と「あと」をまちがえないように。

2 【場所を表す前置詞】
[　　]内から適する語を選びましょう。

☑ (1) 駅であなたを待ちます。　　　　　　　　　　　　～を待つ：wait for ～
　　 I'll wait for you [in / on / at] the station.
☑ (2) 私のおばはニューヨークに住んでいます。
　　 My aunt lives [in / on / at] New York.
☑ (3) 壁に絵が 1 枚かかっています。
　　 There is a picture [in / on / at] the wall.
☑ (4) 私たちは佐藤先生の周りに座りました。
　　 We sat [near / around / at] Ms. Sato.
☑ (5) 私の家の近くに大きな公園があります。
　　 There is a big park [under / near / on] my house.
☑ (6) 私はかばんをいすの下に置きました。
　　 I put my bag [on / under / around] the chair.

3 【その他の前置詞】
[　　]に適する語を▢から選んで書きましょう。

☑ (1) その手紙は有名な作家によって書かれました。
　　 The letter was written [　　　　　] a famous writer.
☑ (2) 久美はお父さんにケーキを作りました。
　　 Kumi made a cake [　　　　　] her father.
☑ (3) 母は紅茶をミルクを入れずに飲みます。
　　 My mother has tea [　　　　　] milk.
☑ (4) グリーン先生は自分の国について話してくれました。
　　 Mr. Green talked [　　　　　] his country.
☑ (5) 麻里はリサと買い物に行きました。
　　 Mari went shopping [　　　　　] Lisa.

about	for	with	by	without

4 【前置詞のあとに続く語】
[　　]内から適する語句を選びましょう。

☑ (1) 祖父がこの時計を私に買ってくれました。
　　 My grandfather bought this watch for [I / my / me].
☑ (2) 彼女はさよならを言わずに去りました。
　　 She left without [said / saying / says] goodbye.
☑ (3) 姉は料理が得意です。
　　 My sister is good at [to cook / cooks / cooking].

得点アップアドバイス

2
in は「ある空間の中に」,
on はものの「表面に接
して」, at は「ある地点に」
という意味合いをもつ。
【その他の場所を表す前
置詞】
・by ～（～のそばに）
・over ～（～の真上に）
・from ～ to …
（～から…へ）
・between ～
（〈2 つのもの〉の間に）

時や場所を表せて
便利だね。

3
(1) 受け身の文。「～に
よって」はどのように表
現するか。
(3) 「ミルクなしで」と
考える。
【これも前置詞】
・like ～（～のように）
look like a flower
（花のように見える）
・as ～（～として）
work as a teacher
（教師として働く）

4
前置詞のあとに代名詞が
くるときは，「～に，～を」
を表す形。また，動詞が
くるときは，～ing の形
にしなければならない。

1 ♪【リスニング】
イラストの様子を説明している英文として，もっとも適切なものを選びましょう。

(1)

[   ]

(2)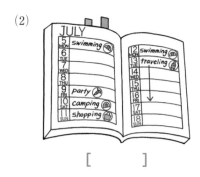

[   ]

2 【適語選択】
[   ]内から適する語を選びましょう。

(1) 夏休みの間，何をしましたか。

What did you do [between / during / around] the summer vacation?

ミス注意 (2) 祖父は朝，散歩します。

My grandfather takes a walk [on / in / at] the morning.

(3) カフェでコーヒーを飲みましょう。

Let's have coffee [at / on / by] a café.

(4) ここから新宿まで30分かかります。

It takes thirty minutes [to / from / for] here [to / on / at] Shinjuku.

ハイレベル (5) ジムは健二と勇太の間にすわりました。

Jim sat down [around / between / near] Kenji and Yuta.

(6) この辺りにレストランはありますか。

Are there any restaurants [in / at / around] here?

3 【適語補充】
[   ]に適する語を書きましょう。

(1) テーブルの下に犬がいます。

There is a dog [   ] the table.

(2) 佐々木先生は生徒たちに好かれています。

Ms. Sasaki is [   ] [   ] her students.

ハイレベル (3) 真希は顔を洗ってから朝食を食べます。

Maki has breakfast [   ] [   ] her face.

(4) 父は上着を着ないで出かけました。   上着：jacket

My father went out [   ] a [   ].

4 【並べかえ】
次の日本文の意味を表す英文になるように，（　　）内の語句を並べかえましょう。
<u>ただし，各問題の語句には使わないものが1つずつ含まれています。</u>

(1)　英語の本を読むことは私にとって難しい。
（ is / me / it / read / difficult / to / English books / for / of ）

(2)　あなたの国ではこのゲームは売られていますか。
（ this / sold / game / country / by / in / is / your ）

ハイレベル (3)　ジョーンズさんは日本の文化に関する本を買いました。　　　　　　文化：culture
（ bought / Ms. Jones / a book / culture / about / for / Japanese ）

5 【和文英訳】
次の日本文を英語にしましょう。

(1)　その駅の近くに書店が1つあります。　　　　　　　　　　　　　書店：bookstore

(2)　健二（Kenji）は土曜日に友達とサッカーをします。

(3)　私は夕食の前に宿題をしました。

入試レベル問題に挑戦 ⋯⋯⋯⋯⋯⋯⋯⋯⋯⋯⋯⋯⋯⋯⋯⋯⋯⋯⋯⋯⋯⋯⋯⋯⋯⋯⋯⋯⋯⋯⋯⋯⋯⋯⋯

6 【適語補充】
次の英文を読み， 　(1)　～　(4)　に当てはまる前置詞を書きましょう。

　I visited my cousin Hiroshi 　(1)　 August 10. He is a university student, and he lives alone 　(2)　 Tokyo. His room wasn't big, but it was nice. We ate lunch together and talked a lot. After lunch, we had coffee. Hiroshi drank it 　(3)　 milk or sugar, so I did the same, but I couldn't drink it because it was too bitter 　(4)　 me.

cousin：いとこ	university：大学	alone：1人で　　drank：drink の過去形
sugar：砂糖	do the same：同じようにする	bitter：苦い

(1)　[　　　　　]　　(2)　[　　　　　]　　(3)　[　　　　　]　　(4)　[　　　　　]

💡 **ヒント**
(1) あとが日にちなのか月なのかに注意。　　(3) すぐ前の it は coffee のこと。

109

Memo

カバーイラスト	くじょう
ブックデザイン	next door design（相京厚史，大岡喜直）
	株式会社エデュデザイン
本文イラスト	大島千明，加納徳博
録音	（財）英語教育協議会（ELEC）
ナレーション	Dominic Allen, Karen Haedrich
英文校閲	Joseph Tabolt
編集協力	株式会社エデュデザイン
	村西厚子，森田桂子，甲野藤文宏，佐藤美穂，敦賀亜希子，渡辺泰葉
データ作成	株式会社四国写研
製作	ニューコース製作委員会

（伊藤なつみ，宮崎純，阿部武志，石河真由子，小出貴也，野中綾乃，大野康平，澤田未来，中村円佳，渡辺純秀，水島潮，相原沙弥，佐藤史弥，田中丸由季，中西亮太，髙橋桃子，松田こずえ，山下順子，山本希海，遠藤愛，松田勝利，小野優美，近藤想，辻田紗央子，中山敏治）

＼ あなたの学びをサポート！／

家で勉強しよう。
学研のドリル・参考書

URL　　　　　　　　https://ieben.gakken.jp/
X（旧 Twitter）　　@gakken_ieben

Web ページや X（旧 Twitter）では，最新のドリル・参考書の情報や，おすすめの勉強法などをご紹介しています。ぜひご覧ください。

読者アンケートのお願い

本書に関するアンケートにご協力ください。右のコードか URL からアクセスし，アンケート番号を入力してご回答ください。ご協力いただいた方の中から抽選で「図書カードネットギフト」を贈呈いたします。

アンケート番号：305297

https://ieben.gakken.jp/qr/nc_mondai/

学研ニューコース問題集　中2英語

この本は下記のように環境に配慮して製作しました。
●製版フィルムを使用しない CTP 方式で印刷しました。
●環境に配慮して作られた紙を使っています。

【学研ニューコース】

問題集

中2英語

[別冊]

解答と解説

● 解説がくわしいので，問題を解くカギやすじ道がしっかりつかめます。

● 特に誤りやすい問題には，「ミス対策」があり，注意点がよくわかります。

「解答と解説」は別冊になっています。
•••▶ 本冊と軽くのりづけされていますので，はずしてお使いください。

Gakken

中1の復習① (be動詞)

1 (1) is (2) am (3) is
(4) are (5) is (6) are

解説 (3) my father は 3 人称単数 (= I, you 以外の単数) なので, be動詞は is を使う。

(4) Kumi and Yuka は複数の主語なので, be動詞は are。

(5) our school は単数の主語なので is。

(6) we は「私たち」の意味で複数。be動詞は are。

2 (1) is (2) I'm (3) are (4) is

解説 (1) my brother は単数の主語なので is を入れる。

(2)「私は~です」の文なので I am ~. となるが, 空所が 1 つであることから, I'm という短縮形を入れる。

(3) be動詞は「(…に) いる」という意味も表す。Kenji and Tomoya は複数の主語なので are。

(4) this は近くにあるものを指して「これ」を意味する。単数の主語なので, be動詞は is。

3 (1) isn't (2) not (3) aren't
(4) Are (5) Is

解説 be動詞の否定文・疑問文

・否定文は be動詞のあとに not をおく。isn't や aren't など, 短縮形をよく使う。

・疑問文は be動詞で文を始める。

(1) 空所が 1 つなので, 短縮形 isn't を入れる。

(2) I'm は I am の短縮形で be動詞がすでにあるので, not だけを入れる。am not の短縮形はない。

(3) Jim and Kate は複数の主語で, 空所は 1 つなので, are not の短縮形 aren't を入れる。

(4)(5) 疑問文は be動詞で文を始める。

4 (1) is reading (2) I'm watching
(3) not running (4) aren't playing
(5) Is, writing (6) are, doing

解説「~している」を表す現在進行形は〈be動詞＋~ing〉の形。

(2) 主語がなく, 空所が 2 つであることに注意。短縮形 I'm に watching を続ける。

(3) 否定文なので be動詞のあとに not。He's とあ

るのであとに not をおき, そのあとに running を続ける。running のつづりにも注意。

(4) 空所の数から短縮形 aren't を使う。

(5) 現在進行形の疑問文は be動詞で文を始める。writing のつづりに注意。

(6) 疑問詞 what の疑問文。What のあとに, be動詞で始まる疑問文を続ける。

1 (1) B (2) B

解説 (1) ♪読まれた音声 Are you a student? (あなたは学生ですか。)

A. Yes, you are. (はい, あなたは学生です。)

B. Yes, I am. (はい, 私は学生です。)

C. Yes, he is. (はい, 彼は学生です。)

(2) ♪読まれた音声 What are you doing? (あなたは何をしているのですか。)

A. Yes, I am. (はい, そうです。)

B. I'm cooking. (料理をしています。)

C. Yes, it's mine. (はい, それは私のものです。)

2 (1) is (2) not (3) Are
(4) is playing (5) isn't (6) Is

解説 (1)「この本はおもしろい」の意味。this book は単数の主語なので, be動詞は is。

(2)「私たちはのどがかわいてはいません」の意味。短縮形 We're に be動詞 are が含まれているので, not を選ぶ。

(3)「あなたは音楽を聞いているのですか」の意味。

(4)「由美はピアノを弾いています」の意味。文として成り立つのは is playing だけ。

(5)「私の姉[妹]は台所にはいません」の意味。

(6)「あれは富士山ですか」の意味。

3 (1) I'm not [we're not / we aren't]
(2) she is (3) we are (4) Is / not
(5) it is

解説 (1)「あなた (たち) は~?」と聞かれているので, I または we で答える。No なので not を使った否定の答えに。

(2) Is your mother ~?「あなたのお母さんは~?」の疑問文には, she で答える。

(3)「あなたとジムは~?」と聞かれているので, we「私たち」で答える。

(4) あとに studying があるので現在進行形の疑問文に。答えは No で，is を含む短縮形 she's があるので，not を入れる。

(5) 問いかけは「このかばんはあなたのものですか」の意味。this bag には it（それ）で答える。

4 (1) My father and brother are hungry.
　(2) They're not in the library.
　(3) Mari is playing tennis with her friends.

解説 (1) 主語が複数なので be 動詞は are を使う。is が不要。

(2) 短縮形 they're があるので，否定文では not を続ける。aren't が不要。

(3)「～している」なので，現在進行形に。plays が不要。

5 (1) Is that your dog?
　(2) He's not[He isn't / He is not] Mr. Green.
　(3) My sister is watching TV in her room.
　(4) Yuka and Sayaka aren't[are not] studying English.

解説 (3) 現在進行形の文。my sister は単数なので，be 動詞は is を使う。

(4) 現在進行形の否定文は，be 動詞のあとに not をおく。主語が複数なので be 動詞は are。

6 What are you doing here?

解説「あなたはここで何をしているのですか」という現在進行形の疑問文に。What（何〈を〉）のあとに are you ～? の疑問文を続ける。

2 中1の復習②（一般動詞）

Step 1 基礎力チェック問題 （p.10-11）

1 (1) like　(2) plays　(3) doesn't
　(4) don't　(5) Do　(6) Does, go

解説 (2) my brother は3人称単数の主語なので，動詞に s をつける。

(3) Mari は3人称単数の主語で，一般動詞の否定文なので doesn't を使う。

(4) 主語が複数で，一般動詞の否定文なので，don't。

(5) 一般動詞の疑問文で主語が you なので，Do で文を始める。

(6) 一般動詞の疑問文で主語が he なので，Does で文を始める。疑問文では動詞は原形（s などのつかない元の形）。

2 (1) play　(2) studies　(3) doesn't like
　(4) Does, play　　(5) do, have

解説 (2) 主語が3人称単数なので，study（勉強する）は，語尾の y を i にかえて，es をつける。

一般動詞の3人称単数・現在形
・基本…語尾に s をつける。lives, comes, likes
・語尾に es … goes, does, teaches, washes など。
・語尾が〈子音字＋y〉の語… y を i にかえて es。study → studies, carry → carries など。
※ play などは語尾が〈母音字＋y〉なので s をつけるだけ。→ plays
・特別な形… have → has

(3) 主語が3人称単数で，一般動詞の否定文なので，doesn't を使う。否定文では動詞は原形。

(4) 主語が3人称単数で，一般動詞の疑問文なので，Does で文を始める。疑問文では動詞は原形。

(5) How many ～?（いくつの～？）の疑問文。How many CDs のあとに疑問文を続ける。主語が you なので do を使う。

3 (1) Wash　(2) open　(3) Be
　(4) Don't

解説 (1)「～しなさい」というときは，動詞の原形で文を始める。最後の Mari は相手への呼びかけ。

(3) be 動詞の命令文では，be 動詞の原形 Be で文を始める。

(4)「～してはいけない」という否定の命令文は，Don't で文を始める。

4 (1) can read　(2) can play
　(3) can't[cannot] cook
　(4) can't[cannot] come
　(5) speak　(6) Can, play

解説 (1)「～できる」は can ～ で表す。主語が3人称単数であっても，can の形はかわらない。can の文では動詞はいつも原形。

(3)(4) can の否定文。can't[cannot] を使う。

(5)(6) can の疑問文。動詞は原形を使う。

Step 2 実力完成問題　(p.12-13)

1 (1) B (2) C

解説 (1) ♪読まれた音声 Do you play tennis?（あなたはテニスをしますか。）

A. Yes, I am. I'm on the tennis team.（はい，私はそうです。私はテニス部に入っています。）

B. Yes, I do. I'm on the tennis team.（はい，私はします。私はテニス部に入っています。）

C. Yes, you can. I'm on the tennis team.（はい，あなたはできます。私はテニス部に入っています。）

(2) ♪読まれた音声 Excuse me. Can you speak English?（すみません。英語は話せますか。）

A. Yes, I am. What's the matter?（はい，私はそうです。どうしましたか。）

B. Yes, you do. What's the matter?（はい，あなたはします。どうしましたか。）

C. Yes, I can. What's the matter?（はい，私はできます。どうしましたか。）

2 (1) watches (2) don't like
(3) can speak (4) Don't open
(5) does, live / lives

解説 (1) 主語が3人称単数なので，watch（見る）に es をつける。（語尾が ch なので es。）

(2) 一般動詞の否定文。主語が I なので，don't ～。

(3) can の文なので，動詞は原形。

(4) 否定の命令文。Don't で文を始める。

(5) Where（どこに）のあとに疑問文を続ける。主語が3人称単数なので，does を使う。疑問文では動詞は原形。答えの文では，live(住んでいる)に s をつけることに注意。

3 (1) I[we] don't (2) she can
(3) he does

解説 (1)「あなた（たち）は～？」と聞かれているので，I または we で答える。No なので don't を使った否定の答えに。

(2) Ms. Green は女性なので，she で答える。Can ～? の疑問文には can / can't[cannot] を使って答える。

(3) Does ～? には does / doesn't を使って答える。

4 (1) Mr. Clark teaches English in Nagoya.
(2) My mother doesn't know this singer.

(3) Maki can't swim fast.

解説 (1) 否定文や疑問文ではなく，ふつうの文なので，does が不要。

(2) 主語が3人称単数の一般動詞の否定文なので，doesn't を使う。isn't が不要。

(3)「～できない」は can't[cannot] ～。not が不要。

5 (1) My brother studies at[in] the library.
(2) I can make[cook] curry.
(3) Does Ken have a bike?
(4) What time do you have[eat] breakfast?

解説 (1) 主語が3人称単数なので，study（勉強する）の形に注意。y を i にかえて es をつける。

(3)「持っている」は動作ではなく状態なので，現在進行形の文にしないように注意。主語が3人称単数なので，Does で文を始める。動詞は原形。

(4) What time（何時）のあとに，do you ～? の疑問文を続ける。

6 次のような文を2つ書く。

(例) ・(Kate[She]) likes music.
・(Kate[She]) doesn't watch TV in the morning.
・(Kate[She]) can read Japanese.
・(Kate[She]) can't[cannot] write Japanese.
・(Kate[She]) can read Japanese, but she can't[cannot] write it.

解説 主語が3人称単数であることに注意。否定文や can の文では動詞は原形にする。

3　一般動詞の過去形

Step 1 基礎力チェック問題 (p.14-15)

1 (1) talked (2) studied (3) used
(4) played (5) lived (6) stopped

解説 すべて過去の文なので，それぞれの動詞を過去形にする。

(2) study の過去形は y を i にかえて ed をつける。主語が3人称単数であっても，過去形の形は同じである。

(3)(5) e で終わる動詞の過去形は，d だけをつける。

(4) play は語尾が〈母音字＋y〉なので，そのまま ed をつける。

(6) stop の過去形は語尾の p を重ねて ed をつける。

<u>一般動詞の過去形（規則動詞）</u>

・基本…語尾に ed をつける。looked, helped

・e で終わる語… d だけをつける。used, lived, liked

・語尾が〈子音字＋y〉の語… y を i にかえて ed。study → studied, carry → carried

※ play などは語尾が〈母音字＋y〉なので ed をつけるだけ。→ play<u>ed</u>

・語尾の 1 字を重ねて ed … stopped, planned など

2 (1) **went** (2) **saw** (3) **read**
(4) **had** (5) **came**

解説 過去の文なので，動詞を過去形に。すべて不規則動詞なので，過去形の形に注意。

(3) read（読む）の過去形は read。発音が［red（レッド）］になる。

3 (1) **didn't watch** (2) **didn't do**
(3) **didn't call** (4) **didn't say**

解説 すべて一般動詞の過去の否定文。didn't 〜の形にする。動詞は原形。

(1)(2) 主語が 3 人称単数でも，〈didn't ＋動詞の原形〉の形はかわらない。

(4) 否定文での anything は「何も（〜ない）」の意味。

4 (1) **Did, have[eat]** (2) **Did, come**
(3) **did, do / wrote** (4) **Did, go / didn't**

解説 すべて一般動詞の過去の疑問文。Did 〜? の形にする。動詞は原形。

(3) what（何を）のあとに，did 〜? の疑問文を続ける。

(4) Did 〜? に no で答える場合は didn't を使う。

Step 2 実力完成問題 （p.16-17）

1 (1) **イ** (2) **イ** (3) **ア**

解説 (1) ♪読まれた音声 A: Did you have a good time during summer vacation?（夏休みは楽しく過ごした？）

B: Yes, I did. I went to Hawaii with my family.（ええ。家族とハワイに行ったわ。）

A: That's amazing!（すごいね！）

Question: Where did the woman go during her summer vacation?（女性は夏休みにどこに行きましたか。）

(2) ♪読まれた音声 A: Look! I went to Kyoto this weekend.（見て！ この週末，京都に行ったんだ。）

B: Oh, that's a nice fan. Did you buy it in Kyoto?（あら，すてきな扇子ね。京都で買ったの？）

A: Well, my father bought it for me.（ああ，父さんがぼくに買ってくれたんだ。）

Question: How did the boy get his fan?（男の子はどのようにして扇子を手に入れましたか。）

(3) ♪読まれた音声 A: Hi, Ben. Do you know Miyuki? She came to our school last week.（こんにちは，ベン。美雪のことは知っている？ 彼女は先週，私たちの学校にやって来たのよね。）

B: Hi, Hana. Yes. I talked with her yesterday.（やあ，花。うん。きのう，彼女と話したよ。）

A: I want to talk with her, too.（私も彼女と話したいな。）

Question: What happened last week?（先週，何が起こりましたか。）

2 (1) **helped, yesterday**
(2) **read, last night** (3) **took, ago**
(4) **Did, watch[see], last**

解説 (2) read（読む）の過去形は read（発音［red］）。

(3) take（〈写真〉を撮る）の過去形は took。「〜前」は 〜 ago で表す。

(4) 過去の疑問文。Did で文を始める。

<u>過去の時を表す語</u>

・yesterday（昨日）

・last 〜（この前の〜，昨〜）

・〜 ago（〈今から〉〜前）

3 (1) **I did** (2) **he didn't**
(3) **ate[had]** (4) **said**

解説 (1)(2) Did 〜? には did / didn't を使って答える。

(3)「あなたは今朝何か食べましたか」という問いに Yes.（はい）と答えていて，そのあとに「パンとサラダを<u>食べました</u>」と続けるようにする。

(4)「すみません，何て言ったのですか」という問いに，「『さようなら』と言いました」と答える形に。

4 (1) I saw a lot of[many] children in the park.

(2) Yuri studied English after dinner.

(3) We didn't[did not] know his name.

(4) What did you do yesterday?

(5) Who wrote this story?

解説 (1) see（見る）の過去形 saw を使う。

(2) study（勉強する）の過去形のつづりに注意。

(3) 過去の否定文 didn't ～の形に。動詞は原形。

(4) what（何を）のあとに did ～? の疑問文。

(5) who（だれが）が主語になるので，あとには過去の文を続ける。

5 (1) イ (2) イ

解説 (1) 問いは「今日恵美を見た？」。空所のあとに「今日は彼女は休んでいます」とあるので，「いいえ（見ませんでした）」と過去形で答えている文を選ぶ。

(2) 問いは「岡田先生は何について話したのですか」。イ「修学旅行について話しました」と過去形で答えている文を選ぶ。ウは現在の文。

6 （例）(1) I wrote this (letter).

(2) Did you watch TV last night?

解説 (1)「私はこれ（この手紙）を書きました」という文に。write（書く）の過去形は wrote。

(2)「あなたは昨夜テレビを見ましたか」という文に。Did で文を始める疑問文。

4 be動詞の過去形，過去進行形

Step 1 基礎力チェック問題 (p.18-19)

1 (1) was (2) was (3) were
(4) were (5) was (6) was

解説 (2) my brother は3人称単数なので was。

(3) Yumi and Mari は複数の主語なので were。

(5) the exam（その試験）は3人称単数なので was。

2 (1) wasn't (2) weren't (3) not
(4) Were (5) Was it

解説 be 動詞の否定文は be 動詞のあとに not。疑問文は be 動詞で文を始める。

(1) 主語が3人称単数の否定文で，空所が1つなので，短縮形 wasn't を入れる。

(2) 主語が複数の否定文。短縮形 weren't を入れる。

(4) 疑問文は be 動詞で文を始める。主語が you なので，Were you ～? の形。

(5) 天気についていうときは it を主語にする。

3 (1) was watching (2) was reading
(3) were playing (4) was running

解説 「～していた」は was / were ～ing の形。

(3) Kenji and Mike は複数の主語なので，be 動詞は were。

(4) run（走る）の ～ing の形に注意。語尾の n を重ねて ing。

> ミス対策 run → running, cut → cutting, swim → swimming など，語尾の文字を重ねて ing をつけるものは多くはないので，しっかり覚えておくこと。

4 (1) weren't studying (2) wasn't playing
(3) wasn't washing (4) Were, taking
(5) Was, cooking (6) were, doing

解説 進行形の否定文は be 動詞のあとに not。疑問文は be 動詞で文を始める。

(1)～(3) 空所の数から，短縮形 wasn't / weren't を使う。

(4) take（〈写真〉を撮る）の ～ing の形に注意。語尾の e をとって ing。

(6) What（何を）のあとに were ～? の疑問文。

Step 2 実力完成問題 (p.20-21)

1 (1) ウ (2) イ (3) ア

解説 (1) ♪読まれた音声 A: Hi, Mark. I called you at about eight last night.（こんにちは，マーク。昨夜，8時ごろに電話したんだけど。）

B: Really? Oh, I'm sorry. I didn't know that.（本当？ ああ，ごめん。知らなかったよ。）

A: What were you doing?（何をしていたの？）

B: I was cleaning my room.（部屋を掃除していたんだ。）

Question: What was Mark doing at about eight

last night?（マークは昨夜8時ごろ，何をしていましたか。）

(2) ♪読まれた音声 *A: How was your winter vacation?*（冬休みはどうだった？）

B: I had a great time in Okinawa.（沖縄ですばらしいときを過ごしたわ。）

A: That's nice. Did you swim in the sea?（いいね。海で泳いだの？）

B: Of course. The beaches were very beautiful.（もちろん。ビーチがとてもきれいだったわ。）

Question: What does the woman say about Okinawa?（女性は沖縄について何と言っていますか。）

(3) ♪読まれた音声 *A: Hey, did you watch Love Rain last night?*（なあ，昨夜『ラヴ・レイン』を見た？）

B: No, I didn't. I missed it.（いいえ。見逃したの。）

A: Why? You like that drama.（どうして？ きみはあのドラマ，好きだよね。）

B: I was studying for the math test at that time.（その時間，数学のテストのために勉強していたの。）

Question: Why did the woman miss the drama?（女性はなぜドラマを見逃したのですか。）

2 (1) **was** (2) **weren't** (3) **raining**
(4) **Were** (5) **wasn't doing**

解説 (1) last Sunday（この前の日曜日）があるので過去の文に。主語が3人称単数なので was。

(2) then（そのとき）があるので過去の文に。主語が複数なので weren't。

(3) 前に was があることに注意。raining を続けて「雨が降っていた」という文に。

(4) あとに listening があるので進行形の疑問文に。主語が you なので be 動詞は were。

(5) 文として成り立つ形は wasn't doing だけ。

3 (1) **The book was very interesting.**
(2) **Kenji and I were in Yokohama (last Sunday.)**
(3) **I was not writing a letter.**
(4) **My cats were sleeping under the table.**

解説 (1)「おもしろかった」なので過去の文。is

が不要。

(2) 主語が複数。was が不要。

(3)「～していたのではない」なので過去進行形の否定文。did が不要。

(4) cats が複数形であることに注意。was が不要。

4 (1) **I was[we were]** (2) **she wasn't**
(3) **We were**

解説 (1) you でたずねているので，I または we で答える。主語が I なら be 動詞は was。we なら were。Were you ～? と were でたずねられても，I で答えるときは was を使う。

(3) you and Sayaka でたずねているので we で答える。「あなたとさやかは図書館にいましたか」という問いに，Yes. と答えていて，空所のあとに doing our homework とあることから，「私たちは宿題をしていました」という文にする。

5 (1) **I was very sleepy then.**
(2) **The song wasn't[was not] famous.**
(3) **They weren't[were not] watching TV.**
(4) **How long was the movie?**

解説 (3) 過去進行形の否定文。主語が they なので weren't[were not] ～ing。

(4)「どのくらいの長さ」は how long。そのあとに疑問文の語順 was the movie? を続ける。

6 (例)(1) **What were you doing?**
(2) **How was[is] it[the book]?**

解説 (1) サッカーの試合を見なかったというBに対してAが何かを言い，Bが「この本を読んでいた」と答えていることから，「何をしていたの？」とたずねる文が入ると会話がつながる。

(2) Bが「（それは）すごくおもしろかったよ」と答えていることから，「（それは）どうだった？」と，Bが読んでいた this book について感想をたずねる文が適切。

定期テスト予想問題 ① (p.22-23)

1 (1) **C** (2) **B**

解説 (1) ♪読まれた音声 *A: Do you like animals?*（動物は好きですか。）

B: Yes, I love animals.（はい，動物は大好きで

7

す。)

A: That's good. Do you have pets?(いいですね。ペットは飼っていますか。)

A. Yes, I want to have pets.（はい，私はペットを飼いたいです。）

B. No, it's a pet store.（いいえ，それはペットショップです。）

C. Yes, I have three dogs.（はい，私は犬を3びき飼っています。）

(2) ♪読まれた音声 *A:* It's lunchtime. Let's go to the cafeteria.（昼食の時間です。食堂に行きましょう。）
B: Well, I'm not hungry. I had too much for breakfast.（ええと，私はお腹が空いていません。朝食を食べすぎました。）
A: Really? What did you have?（本当ですか？何を食べたのですか。）

A. I cooked breakfast this morning.（今朝，私は朝食を作りました。）

B. I ate rice, some bread, and sausages.（ご飯とパンとソーセージを食べました。）

C. I don't like toast for breakfast.（私は朝食にトーストを食べるのは好きではありません。）

[2] (1) **イ** (2) **ウ** (3) **ウ** (4) **ア** (5) **ウ** (6) **イ**

解説 (1) 主語が3人称単数で過去の文。

(2) あとがwatch と原形で，last night（昨夜）がある過去の文なので didn't。

(3) 前がbe動詞なので ～ing を続ける形に。「私たちはそのときサッカーをしていました」。

(4) 原形 live があり，～ ago もあるので過去の疑問文。

(5) 否定文では動詞は原形。

(6) be動詞の質問には be動詞を使って答える。主語がIなので was。

[3] (1) **studied**　　(2) **went to**

(3) **was reading** (4) **didn't come**

(5) **Where were you**

解説 (1) study の過去形のつづりに注意。

(2) go の過去形は went。

(3) 「～していた」なので〈was / were ～ing〉。主語がIなので be動詞は was。

(4) 「～しなかった」は didn't ～。

(5) where（どこに）のあとに were you ～? の疑

問文を続ける。

[4] (1)① **came** ② **had**

(2) **What did you do last (weekend?)**

(3) **She was in Kyoto.**

解説 (1) それぞれ過去形に。

(2) What で文を始めて，過去の疑問文 did you ～? を続ける。「この前の週末」は last weekend。

(3) Ms. Brown は，この前の週末に何をしたかをたずねられて，I visited Kyoto. と答えている。

【全文訳】

ブラウン先生：こんにちは，由美。いい週末だった？

由美：はい。土曜日に香織が私の家へ来ました。私たちはいっしょにテレビゲームをしたり，DVD を見たりしました。

ブラウン先生：それはいいわね。じゃあ，あなたは楽しい時間を過ごしたわね。

由美：はい。先生はこの前の週末，何をしたのですか。

ブラウン先生：京都を訪れたの。お寺をいくつか見て，きれいだったわ。

由美：わあ，それはよかったですね。

5　未来の表し方

Step 1 基礎力チェック問題（p.24-25）

[1] (1) **going to** (2) **will** (3) **go**

(4) **Will you**

解説 「～するつもりだ」と予定していることをいうときは，〈be going to ＋ 動詞の原形〉で表す。「～します」「～（する）でしょう」と未来の意志や予想をいうときは，will で表す。

[2] (1) **not going** (2) **will not**

(3) **not going, buy** (4) **won't**

(5) **We're not[We aren't] going**

解説 be going to ～ の否定文は be動詞のあとに not をおく。

(1) we're に be動詞が含まれているので，あとには not。

(2)(4) 空所の数によって，will not か won't を使う。

(3) I'm に be動詞が含まれているので，あとには

not。

3 (1) **Will you** (2) **Is, going to**
   (3) **Is, going / is**
   (4) **Will, meet[see] / I won't**
   (5) **What are, do / going to**

解説 be going to 〜の疑問文は be 動詞で文を始める。

(3) your sister は 3 人称単数なので be 動詞は is。答えるときは be 動詞を使う。

(4) you（あなたは）でたずねているので，I で答える。No の答えなので，I won't。

(5)「何を」とたずねる疑問文なので What で文を始める。あとに are you 〜? の疑問文を続ける。

Step 2 実力完成問題   (p.26-27)

1 (1) **ウ** (2) **イ** (3) **ウ**

解説 (1) ♪読まれた音声 A: Hi, Kenta. What are you going to do this weekend?（やあ，健太。この週末は何をするつもりですか。）

B: Hi, Rachel. I'm going to go to a shopping mall. How about you?（やあ，レイチェル。ショッピングモールに行くつもりです。あなたはどうですか。）

A: I'm going to stay home and read books.（家にいて，読書をするつもりです。）

Question: What is the woman going to do this weekend?（女性は今週末に何をするつもりですか。）

(2) ♪読まれた音声 A: Hello, Mom. What's up?（もしもし，ママ。どうしたの？）

B: Hi, Jake. I'm cooking curry for dinner, but I don't have onions.（こんにちは，ジェイク。夕食にカレーを作っているんだけど，玉ねぎがなくって。）

A: OK. I'll buy some on my way home.（わかった。帰宅途中にいくつか買っていくよ。）

Question: What will the boy do?（男の子は何をしますか。）

(3) ♪読まれた音声 A: I'm going to play soccer with Brian tomorrow.（明日，ブライアンとサッカーをするつもりなんだ。）

B: That's good. But, it will be rainy tomorrow.

（それはいいわね。でも，明日は雨になりそうよ。）

A: Really? We'll play the online soccer game, then.（本当？ じゃあ，オンラインサッカーゲームをすることにしよう。）

Question: What will the man probably do tomorrow?（男性は明日，おそらく何をするでしょうか。）

2 (1) **go → going** (2) **You will → Will you**
   (3) **gets → get** (4) **they are → are they**

解説 (2) will の疑問文は Will で文を始める。

(3) will のあとには動詞の原形がくる。主語が 3 人称単数だからといって，動詞に s をつけないように注意。

(4) How long（どのくらい長く）のあとに be 動詞で始まる疑問文 are they 〜? を続ける。

3 (1) **Yes, he will.**
   (2) **No, we aren't[we're not / we are not].**
   (3) **I'm[We're] going to go shopping.**
   (4) **He's going to visit Osaka.**

解説 (2) you and Kumi でたずねているので，we で答える。

(3) you でたずねているので，I または we で答える。「買い物に行く」は go shopping。

4 (1) **I'm going to call Yuka (this evening.)**
   (2) **Will Jim come to the party?**
   (3) **They're going to go to the beach (tomorrow.)**

解説 (1) 補う語は to。

(2) 疑問文なので Will で文を始める。to を補う。

(3) この文には to が 2 つ必要なので，1 つ補う。

> ミス対策 be going to go to 〜（〜へ行くつもりだ）という場合は to を 2 つ使う。語の並べかえ問題などでよく問われるので気をつけよう。

5 (1) **We're going to[We will] play soccer after school.**
   (2) **I'm going to[I will] be late for the meeting tomorrow.**
   (3) **What are you going to[What will you] do next weekend?**

(4) Mr. Brown isn't going to[Mr. Brown will not] visit Kyoto next year.

解説 (2)「～に遅れる」は be late for ～。

(3)「何を」とたずねるので what を使う。

(4) 否定文なので, be 動詞または will のあとに not。

6 (例)(1) (We're) going to clean the park next Sunday(.)

　　　(2) (It's) going to start[begin] (at 8 a.m.)

解説 (1)「私たちは次の日曜日に公園をそうじします」という文に。

(2) 掲示の「開始：午前8時」を「(それは) 午前8時に始まります」という文で表すとよい。

6　助動詞

Step 1 　基礎力チェック問題 (p.28-29)

1 (1) must　(2) study　(3) mustn't
　(4) not be　(5) Must I

解説 (2) must のあとは動詞の原形。

(3)「～してはいけない」は must の否定文で表す。must のあとに not。ここでは must not の短縮形 mustn't を選ぶ。don't have to では「～しなくてよい，～する必要はない」の意味になる。

(4) must の否定文は must のあとに not。

(5) must の疑問文は Must で文を始める。

2 (1) have to　(2) has to
　(3) don't have　(4) doesn't have　(5) Do

解説 (2) Lisa は3人称単数なので, have to ではなく has to。

(3)(4)「～しなくてよい，～する必要はない」は don't/doesn't have to ～。

(5) have to の疑問文は Do/Does ... have to ～? の形。

3 (1) mustn't　(2) have to　(3) Do, have
　(4) You mustn't[Do not]　(5) don't have

解説 (1)(4) You mustn't ～. は「～してはいけません」と, 相手に禁止の命令をするときに使う。

(5)「～しなくてもよい」は don't have to ～で表す。must not「～してはならない」との意味のち

がいに注意。

4 (1) Shall　(2) Will　(3) Could

解説 (1)「～しましょうか」と申し出る言い方は Shall I ～?。

(2) Will you ～? は「あなたは～しますか」と未来のことについてたずねる疑問文だが,「～してくれますか」と依頼するときにも使う。

(3)「～していただけますか」というていねいな依頼は Could you ～?。

Step 2 　実力完成問題　(p.30-31)

1 (1) A　(2) C

解説 (1) ♪読まれた音声 Shall I open the door? (ドアを開けましょうか。)

A. Thank you. (ありがとうございます。)

B. Can I try? (やってみてもいいですか。)

C. Sorry, I'm busy now. (すみません, 私は今いそがしいです。)

(2) ♪読まれた音声 May I ask you a favor? (お願いがあるのですが。)

A. See you later. (また後で会いましょう。)

B. Thanks a lot. (本当にありがとう。)

C. Sure. What's up? (もちろんいいですよ。どうしましたか。)

2 (1) must　(2) has to
　(3) mustn't　(4) Could

解説 (1)「～しなければならない」なので must か have to が入るが, 選択肢のうちでは must。

(2) 主語が3人称単数で「～しなければならない」なので, must か has to が入るが, must は(1)で使っているので has to。

(3)「～してはいけない」は mustn't[must not] ～。

(4) Could you ～? は「～していただけますか」とていねいに依頼する表現。

3 (1) ア　(2) ア　(3) ウ　(4) イ

解説 (1)(2)(3) have to の疑問文は Do / Does ... have to ～?。Do / Does の疑問文なので, 答えるときは do[don't] / does[doesn't] を使う。

(4) Must ～? (～しなければなりませんか) に no で答えるときは,「～する必要はない」を表す don't/doesn't have to ～ を使う。

4 (1) I have to do my homework after

---

dinner.

　(2) We must speak in English.

　(3) You don't have to buy a new notebook.

解説 (1) 未来の意志を表す文ではないので, will が不要。

(2) have はあるが, to がないので使えない。

(3)「～する必要はない」は don't/doesn't have to ～。

> ミス対策 次の2つの区別は試験に出やすいので, 必ず覚えておこう！
> ・don't/doesn't have to ～「～する必要はない」
> ・mustn't[must not] ～「～してはいけない」

5 (1) Do we have to go shopping tonight?

　(2) Mari must clean her room.

　(3) You must not[mustn't] play video games tonight.

　(4) What time do we have to come?

解説 (1) have to の疑問文は Do[Does] で文を始める。

(2) 主語が3人称単数でも, must のまま。

(3) 禁止の意味を表すときは must のあとに not。

(4)「何時 (に)」は what time でたずねる。あとに疑問文 do we have to ～? を続ける。

6 (例)(1) Shall I help you?

　　　(2) You don't have to worry.

解説 (1)「～しましょうか」と申し出るときは, Shall I ～? と言う。

(2)「あなたは心配しなくていいです」という文に。「～しなくていい」なので, have to の否定文。

定期テスト予想問題 ② 　　(p.32-33)

1 (1) イ　(2) ア　(3) ウ

解説 (1) ♪読まれた音声 *A:* Hi, Linda. May I ask you a favor?（やあ, リンダ。お願いがあるんだけど。）

B: Sure. What's up, Ryota?（もちろんよ。どうしたの, 亮太？）

A: I have to finish the math homework, but it's difficult. You're good at math, so ....（数学の宿

題を終わらせなければならないけど, 難しいんだ。きみは数学が得意だから, その……。）

B: All right. I'll help you.（わかったわ。手伝ってあげる。）

Question: What will the woman do next?（女性は次に何をするでしょうか。）

(2) ♪読まれた音声 *A:* Look! Finally, I got a flight ticket to London.（見て！　ついにロンドンへの航空券を手に入れたわ。）

B: Great! When are you going to go?（すごいね！　いつ行く予定なの？）

A: Next month. This will be my first overseas trip.（来月よ。私にとってこれが最初の海外旅行になるの。）

B: You'll have to prepare many things, then.（じゃあ, たくさんのものを準備しなきゃだね。）

Question: What is the woman going to do next month?（女性は来月, 何をする予定ですか。）

(3) ♪読まれた音声 *A:* Takeru, do you have any plans for this weekend? Yuka and I are going to see a movie.（尊, 今週末の予定はある？　由佳と私は映画を見るつもりなんだけど。）

B: Oh, hmm... I can't join you.（えっと, うーん, 参加できないな。）

A: Why not?（どうして？）

B: I have to take an exam at my cram school this weekend.（今週末は塾で試験を受けなければならないんだ。）

Question: What is Takeru going to do this weekend?（尊は今週末, 何をする予定ですか。）

2 (1) will　　　　(2) Are, going to

　(3) must study　(4) Does, have to

　(5) I'm going to

解説 (1) 未来のことについて「～するでしょう, ～します (意志)」というときは will ～。will のあとは動詞の原形で, ここでは be 動詞の原形 be。

(3)「～しなければならない」は must か have to で表せるが, ここでは空所の数から must を使う。

(4)「～しなければならないか」は, Do / Does ... have to ～? または Must ...? だが, 空所の数から have to の疑問文に。

(5)「～する予定である」は be going to ～。主語も含めて答えるが，空所の数から短縮形 I'm を使うことに注意。

3 (1) **イ** (2) **ア** (3) **ウ**
　　(4) **ア** (5) **ウ** (6) **イ**

解説 (1) have to（～しなければならない）は，主語が 3 人称単数のときは has to。

(2) be going to の疑問文は be 動詞で文を始める。

(3) must（～しなければならない）のあとには動詞の原形がくる。

(4) will（〈未来に〉～するだろう）の否定文は will not。短縮形は won't。

(5) it'll は it will の短縮形。will のあとには動詞の原形がくる。be 動詞の原形は be。

(6) have to の否定文は don't / doesn't have to。

4 (1) **I'm going to go to America.**
　　(2) **will**
　　(3) **I will come to your house tomorrow.**
　　(4) **No, he won't.**

解説 (1)「～する予定である」は be going to ～なので，まず I'm going to をつくる。そのあとに，go to America（アメリカに行く）を続ける。並べる語に to が 2 つあったり，going と go があったりして一見難しそうに思えるかもしれないが，落ち着いて考えること。

(2) ②は「それはいい旅行になるだろう」，③「私を助けてくれますか」という文になる。Will you ～? は「～してくれますか」という依頼の表現にもなる。

(3) I'll は I will の短縮形。この文の come to your house は「あなたの家へ行く」という意味で，相手のところへ「行く」というときはこのように come を使う。

(4) いい本があると言っているのはトムである。

【全文訳】

トム：君の夏休みの予定は何？

裕二：アメリカに行く予定なんだ。

トム：へえ，本当？　いい旅行になるね。

裕二：そうだといいな。その前に英語を一生懸命勉強しなくちゃ。トム，助けてくれる？

トム：もちろん。君にいい本があるよ。

裕二：ありがとう。明日，君の家へ行くよ。

7　There is ～.

Step 1　基礎力チェック問題（p.34-35）

1 (1) **is** (2) **was** (3) **are**
　　(4) **were** (5) **a bookstore**

解説 (1) 後ろ（主語）が a pond と単数で現在の文なので，is。

(2) 後ろが a cat と単数で過去の文なので，was。

(3) 後ろが three glasses と複数で現在の文なので，are。

(4) 後ろが many students と複数で過去の文なので，were。

(5) 前に is とあるので，単数を表す a bookstore に。

2 (1) **There are** (2) **There was**
　　(3) **There is** (4) **There were**
　　(5) **There is**

解説 それぞれ be 動詞の使い分けに注意。

(1) 後ろが two pictures と複数で現在の文。

(2) 後ろが a restaurant と単数で過去の文。

(3) 後ろが a bag と単数で現在の文。

(4) 後ろが a few people と複数で過去の文。

(5) water は数えられない名詞。数えられない名詞は単数扱い。現在の文なので，be 動詞は is。

3 (1) **There isn't[There's not]**
　　(2) **There weren't** (3) **There wasn't**
　　(4) **There aren't**

解説 否定文であっても，ポイントは be 動詞の使い分け。〈be 動詞＋not〉はよく短縮形を使う。

(1) 後ろ（主語）が a store と単数で現在の文。

(2) any children は複数。過去の文。

(3) 後ろが a doctor と単数で過去の文。

(4) 後ろが any clouds と複数で現在の文。any が否定文で使われると「1 つ[1 人]も～ない」の意味。

4 (1) **Is there** (2) **Were there**
　　(3) **Are there**
　　(4) **Was there / there wasn't**
　　(5) **How many, are**

解説 疑問文は be 動詞で始める。

(3) 後ろ(主語)が any students と複数で現在の文。疑問文での any は「1 つ[1 人]でも」の意味。

(4) Was there 〜? とたずねるので，there was / wasn't を使って答える。

(5)「いくつの〜」は how many 〜。how many のあとには複数形の名詞がくるので，be 動詞もそれに合わせる。

Step 2 実力完成問題 (p.36-37)

1 (1) B (2) C

解説 (1) ♪読まれた音声 A. There is a bookstore in front of a hotel. (ホテルの前には書店があります。)

B. There is a post office between a bookstore and a flower shop. (書店と生花店の間には郵便局があります。)

C. There is a hotel next to a post office. (郵便局のとなりにはホテルがあります。)

(2) ♪読まれた音声 A. There is a cat on the desk.(机の上にはねこがいます。)

B. There are some pens under the desk. (机の下にはペンがいくつかあります。)

C. There is a window by the desk. (机のそばには窓があります。)

2 (1) are (2) was (3) Are
　 (4) students are there

解説 (1) 後ろ（主語）が a lot of people と複数を表す語句なので，is や was は使えない。

(2) before（以前）があるので過去の文。後ろが a big tree と単数なので was。

(3) 疑問文なので be 動詞で文を始める。any English books という複数の名詞に合わせて be 動詞は are。

(4) how many のすぐあとには名詞の複数形が続く。「あなたのクラスに生徒は何人いますか」という文。

3 (1) There are, cats (2) There is a
　 (3) Are there any

解説 (1)「ねこが２匹」と主語が複数で現在の文なので，be 動詞は are。cats と複数形にすることにも注意。

(2) temple（寺）が単数形であることに注目する。現在の文なので be 動詞は is を使い，famous temple の前に a をつける。

ミス対策 There is 〜. の文では，どの be 動詞を使うかがポイント。主語（「〜」にくる語）と，現在か過去かということにいつも注意！

(3) 疑問文なので be 動詞で文を始める。restaurants が複数形であることに注目。be 動詞は are。疑問文で「１つでも」を意味する any を使う。any のあとに数えられる名詞がくるときは，複数形にする。

4 (1) ウ (2) イ (3) イ

解説 (1) Are there 〜? とたずねているので，答えるときは there are か there aren't を使う。

(2) Was there 〜? とたずねているので，答えるときは there was か there wasn't を使う。疑問文は「書店のとなりに古い家がありましたか」の意味。

(3) How many 〜? と数をたずねているので，数を答える。疑問文は「あなたのグループに女の子は何人いますか」の意味。

5 (1) There is a river near my house.
　 (2) There are a lot of beautiful places (in Kyoto.)
　 (3) How many pictures are there on the wall?

解説 (1) There is a river（川があります）をつくり，near my house（私の家の近くに）を続ける。

(2)「美しい場所がたくさん」は，a lot of beautiful places で表す。

(3)「何枚」と数をたずねるので How many 〜? の疑問文。「何枚の絵」なので How many のあとには pictures（絵）がくる。そのあとに are there 〜? の疑問文を続ける。

6 (1) Are there three balls in the box?
　 (2) There was a museum near the library.
　 (3) There aren't[are not] any comic books in my father's room.

解説 (1) 疑問文なので be 動詞で文を始める。「ボールが３つ」から be 動詞は are。

(2)「美術館が１つ」で過去の文なので be 動詞は was。

(3)「１冊もない」なので，not … any の文に。または，not を使わず no を使って，There are no

13

comic books …. としてもよい。

[7] 次のような文を2つ書く。

(例)・There are three apples on the table.
　　・There is a clock on the wall.
　　・There is a chair in the room.
　　・There are two cats under the table.
　　・There aren't any dogs in the room.

など

解説 単数のものは There is ～. で，複数のものは There are ～. で表すことに注意して，絵にあるものについて表現する。

8 動詞と文型①（look, becomeなど）

Step 1 基礎力チェック問題 (p.38-39)

[1] (1) look　　(2) looks new
　　(3) looks like　(4) sad

解説 (1) look のあとに形容詞を続けて，「～に見える」を表す。
(2) Jim's bike は3人称単数なので，looks となる。
(3) あとに名詞がきているので，look ではなく look like で「～のように見える」。
(4) 「悲しそう」なので look(ed) のあとに形容詞 sad。

[2] (1) became　　(2) looks　(3) getting
　　(4) feel warm　(5) sounds
　　(6) become famous　(7) tasted
　　(8) looked like

解説 (1) あとが名詞なので「～になった」は became。
(2) 主語が3人称単数なので looks。
(3) 「～になる」を表す get のあとには，天候や体調，感情を表す形容詞がよくくる。
(4) feel ～ で「～に感じる」。
(5) sound ～ で「～に聞こえる」。相手の言ったことに対して感想などを言うときによく使う。
(7) taste ～ で「～な味がする」。
(8) 〈look like＋名詞〉で「～のように見える」。過去の文では look を過去形に。この like は「～のように」を意味する前置詞なので，過去形などにはしない。

[3] (1) feel　　(2) became　(3) tastes
　　(4) looked　(5) sounds　(6) looks like
　　(7) get

解説 (2) あとが名詞なので「～になった」は became。
(3) 主語が3人称単数であることに注意。
(5) 「～そう」という場合，意味合いによって look も sound も使えるが，look は(4)で使っているので，ここでは sound を使う。相手がある計画を話し，それに対して「おもしろそう」と言っている様子。
(6) あとに名詞がきて「～のように見える」を表すのは，look like ～。
(7) get angry で「怒る（怒った状態になる）」。get の代わりに be 動詞を使うと「怒っている」の意味になる。疑問文なので原形に。

Step 2 実力完成問題 (p.40-41)

[1] (1) C　(2) A

解説 (1) ♪読まれた音声 Your shirt looks very nice.
（あなたのシャツはとてもすてきですね。）
A. No, it's not. It's mine. （いいえ，ちがいます。それは私のものです。）
B. I like that shirt. Can I try it on? （あのシャツが気に入りました。試着してもいいですか。）
C. Thanks. It's a present from my father. （ありがとう。これは父からのプレゼントなんです。）
(2) ♪読まれた音声 Why don't we go to the new department store? （新しいデパートに行きませんか。）
A. That sounds exciting. （それはわくわくしますね。）
B. Go straight and turn right at the second corner. （まっすぐ行って2番目の角を右に曲がってください。）
C. I didn't know that. （私はそれを知りませんでした。）

[2] (1) looked old　　(2) sounds
　　(3) become, teacher　(4) taste
　　(5) looks like

解説 (1) あとに形容詞を続けて「～に見える」を表すのは look ～。
(2) 相手の言ったことに対して「～そうですね（～

に聞こえます)」というときは, sound ～ を使う。主語が3人称単数なので sound<u>s</u> とする。

(3) a teacher という名詞が続くので「～になる」は become。否定文なので原形。

(4) Does ～? という一般動詞の疑問文なので,「～な味がする」を表す taste ～ を使う。

(5) あとに名詞を続けて「～のように見える」を表すのは look like ～。

3 (1) **These cakes look delicious.**
  (2) **He became a famous soccer player.**
  (3) **That sounds interesting.**

解説 (1) delicious (とてもおいしい) は形容詞なので, look delicious で「とてもおいしそうに見える」。like が不要。

(2)「～になる」の「～」が, a famous soccer player という名詞なので, got ではなく became を使う。

(3) この場合の「おもしろそうですね」は「おもしろそうに<u>聞こえます</u>」という文で考える。that's が不要。

4 (1) **ウ** (2) **イ** (3) **ア**

解説 (1) look ～ (～に見える) の疑問文。～の部分を how (どう) でたずねている。

(2) 相手の話に対して「それはよさそうに聞こえます」と言っている。

(3)「気分はどうですか → どう感じますか」と考える。

5 (1) **Her song became very[really] popular.**
  (2) **They look very[really] happy.**
  (3) **Mari will get well soon.**
  (4) **Did the man look like a police officer?**

解説 (1) become のあとには形容詞も続けられる。過去形 became にすること。

(3) 体調について, get を使って「～になる」ということがある。

(4) a police officer という名詞を続けるので, look ではなく look like を使う。

> ミス対策 次の2つの区別は試験に出やすいので, 必ず覚えておこう!
> ・〈look + 形容詞〉…「～に見える」
> ・〈look like + 名詞〉…「～のように見える」

6 (1) **You look tired.**
  (2) (例)**You can become a regular player.**

解説 (1)「疲れているようだね」は「あなたは疲れて見えます」と考え, look ～ で表す。

(2) You'll become ～. (あなたは～になるでしょう) または You'll be able to become ～. (あなたは～になることができるでしょう) でもよい。

【全文訳】

父:やあ, マイク。疲れているようだね。

息子:うん, お父さん。今日はサッカーを一生懸命練習したんだ。

父:なるほど。もうすぐ試合があるんだろう?

息子:うん。来週だよ。

父:心配しないで。きみはレギュラー選手になれるよ。

息子:ありがとう。そうだといいけど。

9 動詞と文型② (give, tell など)

Step 1 基礎力チェック問題 (p.42-43)

1 (1) **me** (2) **us the story**
  (3) **you this book** (4) **for**

解説 (1) show などのあとに代名詞がくる場合,「～に, ～を」を表す形 (目的格) にする。

(2)「AにBを～する」というとき, 動詞 (～する) のあとは〈A (に) → B (を)〉の語順。ここでは「私たちに (us) その話を (the story)」の順。

(3)「あなたに (you) この本を (this book)」の順。

(4)「AにBを～する」の意味をもつ動詞のあとに「～を」の語がきた場合,「～に」は to ～ か for ～ で表す。buy (過去形 bought) の場合は for ～。

2 (1) **gave** (2) **showed** (3) **tell**
  (4) **teaches**

解説 すべて〈動詞 A B〉(AにBを～する) の文の形をつくる動詞。

(3)(4)「教える」は, 情報を伝えるという意味のときは tell, 知識や技術を教えるという意味のときは teach を使う。(4)は主語が3人称単数なので teaches とする。

3 (1) **show me your pictures**
  (2) **told Emi my address**

(3) **give Jim chocolate**

(4) **bought him a watch**

解説 動詞のあとは〈Aに → Bを〉の語順に。

④ (1) **to me** (2) **curry for**

解説 「AにBを〜する」の文で，動詞のすぐあとに「B(を)」がきた場合，「Aに」は to A か for A で表す。

(1) give の場合は，to 〜。

(2) make の場合は，for 〜。

Step 2 実力完成問題 (p.44-45)

① (1) **B** (2) **B**

解説 (1) ♪読まれた音声 Show me your passport, please. (パスポートを見せてください。)

A. Thanks. I can't wait. (ありがとう。待ちきれません。)

B. Sure. Here you are. (もちろんです。はい，どうぞ。)

C. Yes. I'm Japanese. (はい。私は日本人です。)

(2) ♪読まれた音声 How did you get your new bag? (あなたは新しいかばんをどうやって手に入れましたか。)

A. Please show me your bag. (あなたのかばんを見せてください。)

B. My grandmother gave it to me. (祖母がくれました。)

C. I don't need a plastic bag. (ビニール袋はいりません。)

② (1) **showed** (2) **send** (3) **tell**

(4) **us some advice** (5) **a T-shirt for me**

解説 (2) will のあとなので動詞は原形。sent は過去形なので注意。

(3) この「教える」は情報を伝えるという意味なので，teach ではなく tell を使う。

(4) 〈Aに → Bを〉の語順に。gave some advice (アドバイスを与えた) のあとに「私たちに」を続ける場合は，to us とする。

(5) bought a T-shirt (Tシャツを買った) のあとに「私に」を続ける場合は，for me とする。

③ (1) **you this pen** (2) **me his bike**

(3) **taught us Japanese**

(4) **tell you, name**

(5) **made me, sweater**

解説 すべて，動詞のあとは〈Aに → Bを〉の語順。

(3) 知識を教えるという意味の「教える」なので，teach を使う。過去形は taught。

(4) 情報を伝えるという意味の「教える」なので，tell を使う。疑問文なので原形。

④ (1) (During the trip,) I sent some postcards to my friends(.)

(2) Can you tell me the way to the library?

(3) I don't want to show you this picture.

解説 (1) to があることに注意。sent some postcards to 〜 (〜にはがきを送った) の語順にする。

(2)「〜してくれますか」を Can you 〜? で表す。「図書館への道」は the way to the library。ここで to を使うので，tell 〜 to me の形ではない。tell me the way to 〜 (私に〜への道を教える) の語順に。

(3)「私は〜したくない」は，I don't want to 〜。このあとに「あなたにこの写真を見せる」を続ける。to はすでに使っているので，show you 〜 (あなたに〜を見せる) の語順に。

⑤ (1) I will[I'll] give her a cute cup. [I will give a cute cup to her.]

(2) My father didn't[did not] buy me a computer. [My father didn't buy a computer for me.]

(3) Kumi told us an interesting story. [Kumi told an interesting story to us.]

解説 動詞のあとは〈Aに → Bを〉の語順。動詞のすぐあとに「B(を)」がくる文にする場合は，「Aに」を to A とするか for A とするか，動詞によって正しく使い分ける。

(3) an interesting story は interesting stories と複数にしてもよい。

⑥ (1) My mother gave me a watch.

(2) I'll tell the news to my friends (tomorrow.)

解説 (1)「母が私に腕時計をくれました」という文に。

(2)「(明日，) 友達にそのニュースを教えよう」の

意味。toがあることに注意。tell the news to ~（そのニュースを~に教える）の語順に。

【全文訳】

　今日は私の誕生日でした。母が私に腕時計をくれました。かっこよくて，気に入りました。夜，アメリカにいる私たちの友人であるジョンから，メールをもらいました。彼は「誕生日おめでとう！夏に日本を訪れる予定だから，君たちに会えるよ」と書いていました。私はとてもうれしくなりました。明日，そのニュースを友達に教えようと思います。彼らも喜ぶでしょう。

10 動詞と文型③（call，makeなど）

Step 1 基礎力チェック問題 （p.46-47）

1 (1) call　(2) named　(3) him
　　(4) made

解説 (2)「AをBと名づける」はname A B。
(3) callなどのあとに代名詞がくるときは，「~を」を表す形（目的格）になる。
(4)「AをBにする」はmake A B。

2 (1) made　(2) call　(3) name
　　(4) called　(5) name

解説 (1)「AをBにする」はmake A B。過去形のつづりに注意。
(3) I'll（I will）のあとなので原形に。
(5) 疑問文なので原形に。

3 (1) call our bird Pi-chan
　　(2) made her angry
　　(3) name their team the Rabbits

解説 どれも，「~を」にあたる語（目的語）が動詞のすぐあとにくる。
(2)「怒らせる → 怒った状態にする」なのでmakeを使って表す。

4 (1) call her　　(2) looks sad
　　(3) told Yuka　(4) made Yuka sad

解説 (2)「悲しそう → 悲しそうに見える」と考えて，lookを使う。
(3) この「教える」は情報を伝えるという意味なので，tellを使う。the newsが空所のあとにあることから，tell A B（AにBを伝える）の語順。

(4)「悲しませた → 悲しくした」と考えて，makeを使う。make A B（AをBにする）の語順。

Step 2 実力完成問題 （p.48-49）

1 (1) ウ　(2) ア　(3) イ

解説 (1) ♪読まれた音声 A: I'm Laura. Nice to meet you. （私はローラです。はじめまして。）
B: I'm Kensuke. Nice to meet you, too. （私は健介です。こちらこそ，はじめまして。）
A: What's your nickname, Kensuke? （あなたのあだ名は何ですか，健介？）
B: In my hometown, people call me Ken. （故郷では，みんな私のことをケンと呼んでいます。）
Question: What is true about Kensuke? （健介について正しいことは何ですか。）

(2) ♪読まれた音声 A: Hey, what happened to Saki? She looks angry. （なあ，咲に何があったんだい？怒っているようだけど。）
B: George made her angry again. He said a bad thing to her. （ジョージがまた怒らせたのよ。彼が彼女に悪口を言ったの。）
A: Again? Well, we should encourage her. （また？じゃあ，彼女をなぐさめないと。）
B: Yeah, but what should we say to her? （ええ，でも彼女に何と言うべきかしら。）
Question: What is the problem? （何が問題ですか。）

(3) ♪読まれた音声 A: Look at the circle graph. （サークルグラフを見てください。）
B: I'm sorry, but where is the circle graph? （すみません，サークルグラフとはどこですか。）
A: This one. The graph on page 36. （これです。36ページにあるグラフです。）
B: Ah. Actually, we don't call this a circle graph. We call this kind of graph "a pie chart." （ああ。実は，これをサークルグラフとは呼びません。このような種類のグラフは"pie chart［円グラフ］"と言うんです。）
Question: What is a pie chart? （pie chartとは何ですか。）

2 (1) their son Kevin
　　(2) them popular　(3) call him Shin

(4) **make her happy**

解説 (1)「AをBと名づける」は name *A B* の語順。

(2)「その歌で彼らは人気を得た → その歌が彼らを人気にした」と考えて，make を使って表す。「AをBにする」は make *A B* の語順。

(3)「呼んでいます」とあるが，ここでは今進行中の動作を表す「〜している」ではなく，ふだんの習慣を表しているので，進行形にはしない。「AをBと呼ぶ」は call *A B* の語順。

(4)「〜をうれしくさせる」は make を使って表す。

③ (1) **made, sad**　(2) **call me Rob**
　(3) **name this cat**　(4) **What, you call**

解説 (1) made them sad で「彼らを悲しくした」。

(2)「ロブと呼んでください」は<u>私を</u>ロブと呼んでください」と言葉を補う。「AをBと呼ぶ」は call *A B*。

(4)「何と」なので what の疑問文。call *A B*（AをBと呼ぶ）のBを what でたずねている。

④ (1) **They named the dog Chibi.**
　(2) **My friends call me Kumi.**
　(3) **The actress will make the drama interesting.**

解説 動詞のあとの語順に注意。どの文も「〜を」にあたる語が動詞のすぐあとにくる。

(2) my（私の）と me（私を）の使い分けに注意。

⑤ (1) **Ken calls his sister Mami.**
　(2) **The news made us excited.**

解説 (1) call<u>s</u> と s をつけることに注意。

(2)「わくわくさせた → わくわくした状態にした」と考えて，make を使って表す。excite（〜をわくわくさせる）を使って，The news excited us. としてもよい。

⑥ (1) **That[It] made him happy.**
　(2) **What do you call this animal in Japanese?**

解説 (1)「彼を喜ばせた」を make を使って表すので，「彼をうれしくした，幸せにした」と考えて，made him happy とするとよい。

(2)「あなたたちはこの動物を日本語で何と呼びますか」と考える。what の疑問文に。英文の内容からトラは複数いるが，ここではマイクが動物1種類についてたずねていると考えて，日本語の「こ

の動物」に合わせて this animal と単数形で示すとよい。

【全文訳】
アメリカ人の男の子が今ぼくたちのところに滞在しています。彼の名前はマイクです。ある日ぼくは彼に「明日，動物園に行こうよ。そこでパンダが見られるよ」と言いました。それは彼を喜ばせました。翌日，ぼくたちは動物園でパンダやほかの動物を見ました。マイクはトラのおりの前で立ち止まり，トラを指さしました。彼は「この動物を日本語では何て言うんだい」と聞きました。ぼくは「トラだよ」と答えました。

定期テスト予想問題 ③　（p.50-51）

① (1) **C**　(2) **B**

解説 (1) ♪読まれた音声 Excuse me. Is there a convenience store near here?（すみません。このあたりにコンビニはありますか。）

A. Me, too. I often go to a convenience store.（私もです。私はよくコンビニに行きます。）

B. Sure. It's 1,000 yen.（もちろんです。1,000円になります。）

C. Yes, there is. It's over there.（はい，あります。あそこにあります。）

(2) ♪読まれた音声 What's the matter?（どうしましたか。）

A. Please call me Meg.（私をメグと呼んでください。）

B. I'm feeling cold.（寒気を感じるんです。）

C. You look very happy.（あなたはとてもうれしそうですね。）

② (1) **ウ**　(2) **イ**　(3) **ウ**

解説 (1) 後ろ（主語）が複数で yesterday と過去の文なので，were。

(2) call のあとに代名詞がくるときは，「〜を」を表す形（目的格）に。「私たちは彼をボビーと呼びます」。

(3)「AにBを買う」は buy *A B* または buy *B* for *A*。「母は私にかばんを買ってくれました」。

③ (1) **looks**　(2) **Was there**
　(3) **gave, to me**

解説 (1) look 〜 で「〜に見える」。look のあとに続けるのは形容詞。looks と s をつけることに注意。

(2) There is / are 〜.（〜がある）の疑問文は，be 動詞で文を始める。過去の文であとが an old house と単数なので，be 動詞は was。

(3)「A に B をあげる」は give A B または give B to A。この文は，B にあたる this *yukata* が give（過去形は gave）のすぐあとにくる形。

4 (1) It will get very cold (tonight.)

　(2) (Could you) tell me the way to (the station?)

　(3) She'll become a popular singer.

　(4) How many chairs are there in the room?

解説 (1) まず It will get で「（それは）〜になるだろう」をつくり，あとに very cold（とても寒い）を続ける。get はあとに形容詞を続けて「〜になる」を意味する。「今夜はとても寒くなるでしょう」。

(2) tell A B または tell B to A で「A に B を伝える，教える」。tell the way to me としてしまうとあとの the station につながらないので注意。Could you 〜? で「〜していただけますか」。「駅への道順を教えていただけますか」。

(3) まず She'll become で「彼女は〜になるだろう」。そのあとに a popular singer（人気の歌手）を続ける。「彼女は人気の歌手になるでしょう」。

(4)「いすがいくつ」は How many chairs。そのあとに are there 〜? の疑問文を続ける。

5 (1)① (Please) call me Masa. [Call me Masa(, please).] ②My father gave me this watch. [My father gave this watch to me.]

　(2) She teaches us music. [She teaches music to us.]

　(3) looks

解説 (1)①「A を B と呼ぶ」は call A B。 ②「A に B をあげる」は give A B または give B to A。give の過去形は gave。

(2) もとの文は「彼女は私たちの音楽の先生です」。これを teach（教える）を使って書きかえる場合，「彼女は私たちに音楽を教えています」とする。「A に B を教える」は teach A B または teach B to A。

(3) あとが young（若い）で，主語 she は Ms. Smith（スミス先生）を指す。直前で「えっ，彼女は先生？」とおどろいて言っていることから，look を使い「彼女は若く見える」という文にする。look に s をつけることに注意。

【全文訳】

正宏：やあ。ぼくは正宏。日本から来たんだ。マサと呼んでください。

サム：ああ，君が日本から来た新入生だね。やあ，マサ。ぼくはサムだ。

正宏：はじめまして，サム。わあ，いい時計を持っているね。

サム：ありがとう。父がぼくにこの時計をくれたんだ。

正宏：それはよかったね。ところで，ドアのそばにいるあの女の子はだれ？

サム：あれはスミス先生だよ。ぼくたちの音楽の先生なんだ。

正宏：えっ，彼女は先生？　若く見えるね。

サム：うん，彼女は去年大学生だったからね。

11　不定詞①「〜するために」

Step 1　基礎力チェック問題（p.52-53）

1 (1) to study　(2) make　(3) to see
　(4) to meet　(5) hear

解説 (1) to study で「勉強するために」の意味を表している。

(2) to のあとの動詞はいつも原形。

(4) この to meet (you) は「（あなたに）会って」の意味で，I'm glad（私はうれしい）の理由・原因を表している。

(5) 現在・過去などに関係なく，to のあとの動詞はいつも原形。

2 (1) to run　(2) to play　(3) to see
　(4) to go　(5) to become

解説 それぞれの動詞を使い，「〜するために」を表す to 〜 の形にする。

(2)「ゲームをする」というときは play を使う。

(3)「〜を見に」は「〜を見るために」と考える。

(5)「〜になる」は become 〜。

③ (1) happy to　(2) sorry to
　(3) sad to　(4) surprised to

解説 感情を表す形容詞のあとに to 〜 を続けて，「〜して（うれしい）」といった感情の原因を表すことができる。

(2) be sorry to 〜 で「〜して気の毒に思う，すまなく思う，残念だ」という意味を表すことができる。

④ (1) To help　(2) To learn[study]

解説 Why 〜?（なぜ〜?）の問いに対して，To 〜.（〜するために）の形で目的を答えることができる。

Step 2 実力完成問題　(p.54-55)

① (1) イ　(2) ア　(3) ウ

解説 (1) ♪読まれた音声 *A:* Good morning, mom.（おはよう，ママ。）

B: Oh, good morning, Roy.　You got up so early today.（ああ，おはよう，ロイ。きょうは早起きなのね。）

A: I have to go to school early today.　I'm going to study with Emi at the library.（きょうは早めに学校に行かなきゃいけないんだ。絵美と図書室で勉強をする予定なんだ。）

Question: Why did Roy get up early today?（ロイはきょう，どうして早起きをしたのですか。）

(2) ♪読まれた音声 *A:* Hey!　Did you hear the news?（ねえ！　ニュース聞いた？）

B: What's up, Sayaka?　Why are you so excited?（どうしたんだ，さやか？　どうしてそんなに興奮しているの？）

A: The Blue Wings are going to have a concert!　I can't wait for it!（ブルーウィングスがコンサートをやるの！　私，待ちきれないわ！）

Question: What is happening?（何が起こっていますか。）

(3) ♪読まれた音声 *A:* What did you do last weekend, Mr. Tanaka?（田中先生，先週末は何をしましたか。）

B: Hi, Kana.　I went to Kyoto last weekend.（やあ，佳奈。先週末は京都に行ったよ。）

A: That sounds nice.　Did you see a lot of

temples?（それはすてきですね。お寺をたくさん見ましたか。）

B: Actually, I didn't have time for sightseeing.　I had to attend a meeting there.（実は，観光の時間はなかったんだ。そこで会議に出席しなければならなくてね。）

Question: Why did Mr. Tanaka go to Kyoto?（田中先生はどうして京都に行ったのですか。）

② (1) to do　(2) to play
　(3) to hear　(4) To watch[see]

解説 (2)「〜しに」は「〜するために」と考える。文全体が過去でも, to のあとは動詞の原形にする。

(3) 感情（happy）の原因を表す to 〜。

(4) Why 〜? に対して To 〜.（〜するために）と目的を答える形。

③ (1) to study　(2) to get
　(3) To be

解説 (1)「私たちは英語を勉強するためにアメリカに行きました」の意味。

(2)「あなたのプレゼントをもらったらジムは喜ぶでしょう」の意味。

(3)「なぜあなたはそんなに一生懸命サッカーを練習するのですか」―「いい選手になるためです」の意味。

④ (1) I listen to the CD to practice English.
　(2) Jim went to the shop to buy some notebooks.
　(3) They were very happy to win the game.

解説 (1) まず，文の中心となる I listen to the CD（私はその CD を聞く）をつくり，そのあとに to practice English（英語を勉強するために）を続ける。practicing が不要。

(2) まず Jim went to the shop（ジムはその店へ行った）をつくり，そのあとに to 〜（〜するために）を続ける。bought（buy の過去形）が不要。

(3) まず They were very happy（彼らはとてもうれしかった）をつくり，そのあとに to 〜（〜して）を続ける。for が不要。

⑤ (1) A lot of[Many] people visit[come to] the zoo to see (the) pandas.
　(2) My father got up early to run in the

park.

　(3) **I'm happy[glad] to meet[see] you.**

解説 (1) まず文の中心となる「多くの人がその動物園を訪れる」をつくり，そのあとに to ～（～するために）を続ける。

(2) まず「父は早起きした」をつくり，そのあとに to ～（～するために）を続ける。

(3) まず「私はうれしい」をつくり，そのあとに to ～（～して）を続ける。

6 **She came to Japan to teach English.**

解説 英文では，太郎が言っていることの2つめの文の内容がぬけているので，それを表す文を書く。主語を補って「彼女は英語を教えるために日本に来た」という文にする。まず「彼女は日本に来た」をつくり，そのあとに「英語を教えるために」を表す to ～ を続ける。

12 不定詞②「～すること」

Step 1 基礎力チェック問題（p.56-57）

1 (1) **to watch**　(2) **to rain**

　(3) **be**　(4) **to write**

解説 (1) like to ～ で「～することが好き」という意味。

(2) start to ～ で「～しはじめる」の意味。to のあとの動詞は原形。

(3) want to ～ で「～したい」。to のあとの動詞は原形なので，ここでは be 動詞の原形 be が適切。

(4) to ～ で「～すること」を表すことができ，この文では to write stories で「物語を書くこと」の意味を表している。

2 (1) **want to**　(2) **want**

　(3) **likes to**　(4) **likes**

　(5) **begin**　(6) **begin to**

解説 (1)(2) want は「～がほしい」の意味だが，want to ～ になると「～したい」という意味になる。

(3)(4) like は「～が好き」の意味で, like to ～ は「～することが好き」の意味を表す。

(5)(6) begin は「～をはじめる」の意味で，begin to ～ は「～しはじめる」という意味になる。

3 (1) **tried to**　(2) **wants to**

　(3) **like to**　(4) **hope to**

　(5) **start to**　(6) **need to**

解説 (1) try to ～ で「～しようとする」の意味。ここでは過去の文なので try を過去形 tried に。語尾の y を i にかえて ed をつける。

(2)「～したがっている → ～したい（と思っている）」と考え，want to ～ に。主語が3人称単数なので，want に s をつけることに注意。

(4) hope to ～ で「～することを望む」の意味。

(5) will のあとなので，start は原形で使う。

(6) need to ～ で「～する必要がある」の意味。

4 **to be[become]**

解説 「～すること」を to ～ で表す。ここでは to be a pianist で「ピアニストになること」を表している。

Step 2 実力完成問題　　（p.58-59）

1 (1) **ア**　(2) **イ**　(3) **ア**　(4) **ウ**

解説 (1) ♪読まれた音声 *A:* What do you want to do in high school, Rachel?（高校では何がしたいんだい，レイチェル？）

B: I want to join the brass band. I like to play the flute, you know.（吹奏楽部に入りたいわ。知っての通り，私はフルートを吹くのが好きでしょ。）

A: That's great! You can play it in a concert. I want to see your performance.（すごいね！ コンサートでも演奏できるよ。きみの演奏を見たいな。）

Question: What does Rachel want to do in high school?（レイチェルは高校で何をしたいのですか。）

(2) ♪読まれた音声 *A:* Did you try durians in Thailand?（タイでドリアンを食べてみましたか。）

B: I tried to eat some, but I couldn't! I didn't like that smell.（食べようとしましたが，できませんでした！ あのにおいは好きではありませんでした。）

A: I can understand that. I don't like smelly foods, either.（わかります。私もにおいの強い食べ物は苦手です。）

Question: What did the man try in Thailand?（男

性はタイで何をためしてみましたか。）

(3) ♪読まれた音声 *A:* Excuse me. Could you show me the sticker on your bicycle?（すみません。あなたの自転車のステッカーを見せていただけますか。）

B: The sticker? What sticker?（ステッカー？何のステッカーですか？）

A: You have to put a special sticker on your bicycle to park here.（自転車をここに停めるには，専用のステッカーを自転車に貼る必要があります。）

B: I didn't know that. Where can I get it?（知りませんでした。それはどこで入手できますか。）

Question: What is the problem?（何が問題ですか。）

(4) ♪読まれた音声 *A:* Did you get everything, Michael?（すべて買いそろえた，マイケル？）

B: Yes, Ami. I bought the potatoes, onions, carrots, and pork.（うん，亜美。じゃがいも，玉ねぎ，人参，そして豚肉を買ったよ。）

A: Perfect! Now, let's start. First, can you heat up the water?（完璧ね！　じゃあ，始めましょう。まず，お水を温めてくれる？）

Question: What will the man and woman start?（男性と女性は何を始めますか。）

2 (1) **want to travel**　(2) **tried to open**

(3) **likes to talk[speak]**

(4) **started[began] to run**

解説 (1)「～したい」は want to ～。

(2)「～しようとする」は try to ～。過去の文なので try を過去形にするが，つづりに注意。

(3) like に s をつけて likes にすることに注意。

(4)「～しはじめる」は start[begin] to ～。過去形に。

3 (1) イ　(2) エ　(3) イ

解説 (1) イに to を補って likes to ～ の形にする。「私の姉[妹]はテレビゲームをすることが好きです」という文になる。

(2) エに to を補って to finish … で「…を終えるために」となる。「私たちは仕事を早く終えるため，8時にそれをはじめました」という文。began があるからといって began to としても，意味の通

る文にはならないので注意。

> ミス対策　このような問題では，文に to を入れてから文全体を読み直すことが重要。want や begin などがあるからと，よく文を読まずに want to や begin to の形をつくってしまわないこと。

(3) イに to を補って to help … で「…を助けること」となる。「彼の仕事は病院で病気の子どもたちを助けることです」という文。

4 (1) **I hope to see you again.**

(2) **Mari doesn't like to swim in the sea.**

解説 (1)「～できればいいと思う」は「～することを望む」と考える。hope to ～ で「～することを望む」。

(2)「～することが好きではない」なので，like to ～を否定する doesn't like to ～ で表す。

5 (1) **My mother likes to play the violin.**

(2) **I wanted to be[become] a nurse.**

(3) **Did Kenji decide to call Yuka?**

(4) **We need to understand each other.**

解説 (1) like に s をつけて likes にすることに注意。

(2)「～したいと思っていた（したかった）」と過去の文であることに注意。

(3)「～したか」と過去のことをたずねるので，Did ～? の疑問文。「～しようと決心する」は decide to ～。

(4)「～する必要がある」は need to ～。

6 (1) **I want to go to the U.S. (in the future.)**

(2) **(My dream) was to be a teacher (in Japan,)**

解説 (1) 直前の文は「私はアメリカの生活や文化に興味があります」。それに続く下線部は「私は将来，アメリカに行きたいです」とする。

(2) I（私）のアメリカに行きたいという夢を聞いた Ms. Clark の言葉。「私の夢は日本で教師になることでした。（そしてそれは実現しました。）」という文。

【全文訳】

　私はアメリカの生活や文化に興味があります。将来はアメリカに行きたいと思っています。先週，私は自分の夢についてクラーク先生に話しまし

た。先生は「それはいいわね！ 私の夢は日本で
教師になることだったけどそれが実現したから，
あなたも夢を実現できるわよ！ 英語を一生懸命
勉強しなくてはならないわね」と言いました。私
は今週は毎日英語を勉強しました。

13 不定詞③「〜するための」

Step 1 基礎力チェック問題 (p.60-61)

1 (1) **to do**　(2) **to go**　(3) **to read**
　　(4) **to visit**　(5) **time to sleep**

解説 (1) to do（するべき）が前の many things を
修飾して「するべき多くのこと」。
(2) to go to bed（寝るべき）が前の time を修飾
して「寝る時間」。
(3) to read on the train（電車で読むための）が
前の a book を修飾して「電車で読むための本」。
(4) to visit（訪れるべき）が前の any good places
を修飾して「訪れるべきどこかよい場所」。
(5) time to sleep で「眠る（ための）時間」。

2 (1) **something to drink**
　　(2) **something to give**　(3) **anything to eat**
　　(4) **anything to do**　(5) **nothing to help**

解説 something[anything] to 〜 で「何か〜する
もの」の意味。
(1) something to drink で「何か飲むもの」。
(2) something to give to Kumi で「何か久美にあ
げるもの」。
(3) 疑問文なので anything を使う。
(4) 否定文なので anything を使う。not … anything
で「何も…ない」。
(5) nothing は「何も…ない」という否定の意味を
表す。nothing to help me で「私を助けることは
何もない」という意味になる。

3 (1) **イ**　(2) **ウ**　(3) **エ**
　　(4) **エ**　(5) **ウ**　(6) **イ**

解説 (1)(2) どちらも to be a doctor となるが，(1)
は want に続けて want(s) to 〜「〜したい」の
意味，(2)は「〜するために」の to 〜。
(3)(4) どちらも to watch TV となるが，(3)は「〜
するために」の to 〜，(4)は time のあとに続けて，

time to watch TV（テレビを見る時間）となる
ようにする。
(5)(6) どちらも to read を文中に入れるが，(5)は
be sad to read …（…を読んで悲しい）となるよ
うに，(6)は like(s) to read …（…を読むのが好き）
となるようにする。

Step 2 実力完成問題 (p.62-63)

1 (1) **ア**　(2) **ア**

解説 (1) ♪読まれた音声 A: Hi, Brian. How was school
today?（おかえり，ブライアン。きょうは学校ど
うだった？）
B: Hi, Mom. Well, not bad. By the way, I'm
thirsty. It's very hot outside.（ただいま，ママ。
うーん，ふつうかな。それより，のどがかわいた
よ。外はとても暑くて。）
A: You can get something to drink in the fridge.
Help yourself.（飲み物なら冷蔵庫にあるわ。ご
自由にどうぞ。）
Question: What does Brian want?（ブライアン
がほしいものは何ですか。）

(2) ♪読まれた音声 A: Reika, do you want to go
shopping with me?（玲香，ぼくといっしょに買
い物に行かない？）
B: I'm sorry. I have a lot of math homework.
（ごめん。数学の宿題がたくさんあるの。）
A: That's a shame. Then, I'll help you. I'm
good at math, you know.（残念だな。じゃあ手
伝ってあげるよ。知っての通り，ぼくは数学が得
意でしょ。）
Question: What is the woman's problem?（女性
の問題は何ですか。）

2 (1) **to come**　(2) **DVD to watch**
　　(3) **anything**　(4) **something to read**

解説 (1) to 〜 が前の time を修飾する形に。to の
あとは動詞の原形。「あなたには私の家に来る時
間がありますか」という文。
(2) a DVD to watch で「見るための DVD」の意味。
前に a があるので，to watch … は続けられない。
(3) I don't … と否定文なので，anything を選ぶ。
「今日私にはすることがありません」の意味。
(4) something to read で「何か読むもの」。

③ (1) homework to do
　(2) something to drink
　(3) anything to do
　(4) place to take

解説 (1) (a lot of) homework to do で「するべき（たくさんの）宿題」という意味。

(3) Do you ～? という疑問文なので，「何か」は anything。

(4) to take pictures（写真を撮るための）がa place（場所）を後ろから修飾する形に。

④ (1) something to eat
　(2) time to watch　(3) nothing to

解説 (1) 上の文は「健二は食べ物がほしい」。これを「健二は何か食べるもの（＝食べ物）がほしい」と言いかえる。to eat something として，「健二は何かを食べたい」という文にしてもよい。

(2) 上の文は「私の兄［弟］は忙しくて，今日はテレビを見られない」。これを「私の兄［弟］には今日テレビを見る時間がない」と言いかえる。下の文の no は，あとの名詞を修飾して「少しの～もない」の意味を表す。

(3) 上の文は「次の日曜日，私はひまです」。これを「次の日曜日，私にはすることがない」と言いかえる。I have は否定文ではないので，anything ではなく nothing を使わないと，「何も～ない」の意味にはならない。

⑤ (1) My mother has a lot of work to do.
　(2) It's time to go to school.

解説 (1) a lot of work（たくさんの仕事）を，to do（するべき）が後ろから修飾する形に。

⑥ (1) Kyoto is a good place to visit.
　(2) Do you have (any) homework to do tonight?
　(3) We need a room to have a meeting.
　(4) I wanted to buy[get] something to drink.

解説 (1) a good place（よい場所）を to visit（訪れるべき）が後ろから修飾する形に。

(2)「するべき宿題」を homework to do で表す。

(3) to have a meeting（会議を開くための）がa room（部屋）を後ろから修飾する形に。

(4)「～したい」の want to ～ と，「何か～するも

の」の something to ～ の２つの表現を使う。

⑦ (1) エ　(2) ア　(3) ウ

解説 (1) 前が「今朝，ぼくは寝坊した」で，あとが「ああ，それは気の毒に」という内容なので，エ「ぼくは朝食を食べる時間がなかった」が適切。

(2) 前が「お腹がすいたな」で，あとが「ごめん，ぼくは～しないんだ」という内容なので，ア「（あなたは）何か食べるものを持っている？」が適切。あとの I don't. は「持っていない」ということ。

(3) お腹がすいていて，友達が食べるものを持っていなかったという流れなので，ウ「何か買いに学校の売店へ行ってくるよ」が適切。

14 動名詞

① (1) washing　(2) raining
　(3) Using　(4) helping

解説 (1) finish ～ing で「～し終える」の意味。

(2) stop ～ing で「～するのをやめる」の意味。

(3) ここでは，using a computer が「コンピューターを使うこと」の意味で，主語になっている。use を ing 形にするときは，語尾の e をとって ing。

(4) 前置詞 for の目的語となる ～ing。

② (1) likes playing　(2) finish reading
　(3) started[began] writing
　(4) stop watching
　(5) enjoyed talking[speaking]

解説 (1)「～するのが好き」は like ～ing でも like to ～ でも表せるが，空所の数から like ～ing に。

(3)「～しはじめる」は start[begin] ～ing でも start[begin] to ～ でも表せるが，空所の数から start[begin] ～ing に。

(5) enjoy ～ing で「～して楽しむ」。enjoy を過去形に。

③ (1) cleaning　(2) playing　(3) to go
　(4) to buy　(5) walking　(6) to study
　(7) to catch

解説 (1)(5) finish, enjoy のあとには to ～ は続かない。

(2)「〜するのをやめる」は stop 〜ing で表す。stop のあとに to 〜 がくると「〜するために立ち止まる」という意味になるので注意。

(3)「〜する必要がある」は need to 〜。

(4)「〜することを決める」は decide to 〜。

(6)「〜したい」は want to 〜。

(7)「〜しようとする」は try to 〜。

④ (1) **ア** (2) **ア**

解説 同じ〈be 動詞 + 〜ing〉でも，「〜している」を意味する場合と，〜ing が「〜すること」の意味で be 動詞のあとに続いている場合があるので，文全体を注意して読む。

Step 2 実力完成問題 （p.66-67）

① (1) **ウ** (2) **ア**

解説 (1) ♪読まれた音声 *A: What did you do last weekend, Takashi?*（先週末は何をしたの，貴史？）

B: Hi, Emma. I went to the new park with Raymond. We enjoyed playing tennis there.（やあ，エマ。レイモンドと新しくできた公園に行ったよ。そこでテニスを楽しんだんだ。）

A: Wow! Actually, I'm thinking about starting tennis. Can you teach me?（わあ！ 実は，私はテニスを始めようかと考えているの。教えてくれない？）

Question: What did Takashi do last weekend?（貴史は先週末，何をしましたか。）

(2) ♪読まれた音声 *A: It stopped raining. Stop reading and let's go out now.*（雨がやんだよ。読書をやめて今すぐ出かけよう。）

B: Wait a minute. I want to finish this book.（ちょっと待って。この本を終わらせたいの。）

A: Come on. You can start reading it again later.（行こうよ。後でまた読み始められるだろう。）

Question: What does the woman want to do?（女

性は何がしたいのですか。）

② (1) **enjoyed playing**

(2) **you finish cleaning**

(3) **Speaking, is**

(4) **making cookies**

解説 (1)「〜して楽しむ」は enjoy 〜ing。

(2) finish 〜ing「〜し終える」を使った疑問文。Did で文を始めるだけで，あとの語順はかわらない。

(3) speaking in English（英語で話すこと）が主語の文。〜ing は3人称単数扱いなので，be 動詞は is。

(4) 前置詞 at に make（作る）を続けるので，make を ing 形に。

③ (1) **The girl likes drawing pictures.**

(2) **Did you enjoy watching the DVD?**

(3) **Growing this flower isn't easy.**

(4) **Stop reading comic books and do your homework.**

解説 (1)「〜することが好き」は like 〜ing または like to 〜 で表す。

(2)「〜して楽しむ」は enjoy 〜ing。enjoy は to 〜 を目的語にとらない。

(3) growing this flower（この花を育てること）が主語の文。「…は〜ではない」という be 動詞の文なので，doesn't が不要。

(4) 命令文なので動詞の原形で文を始める。「〜するのをやめる」は stop 〜ing。to read が不要。

④ (1) **reading** (2) **to go**

(3) **calling** (4) **is**

解説 (1) stop 〜ing で「〜するのをやめる」。「久美は本を読むのをやめて，寝た」という文。

(2) want to 〜 で「〜したい」。「あなたはそのコンサートへ行きたいですか」という文。

(3) 前置詞のあとに動詞がくるときは，〜ing の形。「電話をくれてありがとう」という文。

(4) taking pictures（写真を撮ること）が主語の文。〜ing が主語になる場合，3人称単数扱いをする。直前の pictures につられて are を選ばないように。

⑤ (1) **He finished writing the story last night.**

(2) Maki didn't[did not] stop playing the piano.

(3) I'm[I am] interested in making clothes.

(4) Studying history is interesting.

解説 (1)「〜し終える」は finish 〜ing。

(2) stop 〜ing（〜するのをやめる）を使った否定文。

(3) 前置詞 in のあとに make を続けるので，make を ing 形に。

(4) 〜ing が主語の文をつくる。〜ing は 3 人称単数扱いなので，be 動詞は is。

6 (1) singing　(2) to read[reading]

　　(3) going

解説 (1) あとの English songs（英語の歌）から，sing（歌う）が入る。enjoys のあとなので ing 形に。「彼女は英語の歌を歌ったり，英語で話したりして楽しんでいる」という文。

(2) あとの it は，前の内容から Ms. Brown にもらった an English book を指す。空所には read が適切。tried（try の過去形）のあとに to read を続けて，「由香はそれを読もうとしたが，その本は彼女には少し難しかった」とする。tried reading なら「読んでみた」。

(3) あとに to bed とあるので，go が入る。前置詞 before のあとなので，ing 形に。「それで彼女は，寝る前にその本を自分の学校のかばんに入れた」という文。

定期テスト予想問題 ④　　(p.68-69)

1 (1) B　(2) A

解説 (1) ♪読まれた音声 Mike will come to the party.（マイクはパーティーに来るでしょう。）

A．I want to be a pilot.（私はパイロットになりたいです。）

B．I'm glad to hear that.（それを聞いてうれしいです。）

C．I have work to do.（私はやるべき作業があります。）

(2) ♪読まれた音声 What did you do with your family in Okinawa?（あなたは沖縄で家族と何をしまし

たか。）

A．We enjoyed swimming in the sea.（私たちは海で泳ぐのを楽しみました。）

B．We want something to drink.（私たちは何か飲むものがほしいです。）

C．We went to Okinawa last weekend.（私たちは先週末，沖縄に行きました。）

2 (1) イ　(2) ア　(3) イ　(4) ウ

解説 (1) hope to 〜 で「〜することを望む」。hope のあとに〜ing は続けない。

(2) finish 〜ing で「〜し終える」。finish のあとに to 〜は続けない。

(3) time to call … で「…に電話をかける時間」となる。to call … が後ろから time を修飾する形。「メアリーにはゆかりに電話する時間がありませんでした」。

(4) writing stories（物語を書くこと）が主語の文。〜ing（〜すること）を含む語句が主語の場合，3 人称単数扱いをする。「物語を書くことは楽しい」。

3 (1) to buy　(2) enjoyed listening

　　(3) raining

解説 (1) to 〜で「〜するために」を表している文。

(2)「〜して楽しむ」は enjoy 〜ing。

(3) stop 〜ing で「〜するのをやめる」。

4 (1) イ　(2) ウ　(3) エ

解説 (1)「彼女はまもなくピアノを弾きはじめるでしょう」という文になる。begin to 〜（〜しはじめる）の形に。

(2)「ジェームズはさよならを言うために私を訪ねてきました」という文。to 〜が「〜するために」を表す文。

(3)「山田さんは読むための本が何冊かほしかった」という文。want(ed) があるからといって，want to だと決めつけないよう注意。まずは文全体をよく読むこと。

5 (1) to take　(2) talking

解説 (1) どちらの文も「アキラは動物の写真を撮ることが好きです」という意味。like 〜ing も like to 〜 も「〜することが好きだ」の意味を表す。

(2) 上の文は「私たちは私たちの大好きな歌手について話しました。私たちはそれをとても楽しみ

ました」という意味。これを「私たちは私たちの大好きな歌手について話してとても楽しんだ」と言いかえる。enjoy 〜ing で「〜して楽しむ」。

6 (例)(1) I want to be a soccer player
(2) I started[began] playing[to play] soccer[it]
(3) to be a good (soccer) player
(4) to make time to practice soccer [it]

解説 (1) want to be 〜（〜になりたい）で表す。
(2)「サッカーをし始めた」は started playing soccer または started to play soccer で表す。started のかわりに began を使ってもよい。
(3)「良い選手になるために」は to be a good player で表す。
(4)「〜するように努める，〜しようと試みる」という意味の try to 〜で表す。「サッカーを練習するための時間」は time to practice soccer.

15 接続詞

Step 1 基礎力チェック問題 (p.70-71)

1 (1) because (2) If (3) that
(4) when

解説 (1)「〜なので」は because 〜。
(2)「もし〜なら」は if 〜。
(3)「〜ということ」は that 〜。
(4)「〜のとき」は when 〜。

2 (1) If (2) before (3) that
(4) because (5) After
(6) Because (7) When

解説 (2)「〜する前に」は before 〜。
(3) hope that 〜 で「〜ということを願う」。この that は省略でき，省略しても文の意味はかわらない。
(5)「〜したあとで」は after 〜。
(6) Why 〜? に対して，Because 〜. で「〜だからです。」と理由を答えることができる。
(7)「彼が話しはじめると」は，ここでは「彼が話しはじめたとき」と考えて，when 〜 で表す。

3 (1) because (2) before (3) that

(4) When (5) if (6) after
(7) Because

解説 (1)「〜なので」は because 〜。
(2)「〜する前に」は before 〜。
(3)「〜だと知っている」は「〜ということを知っている」という意味なので，know のあとに that 〜。
(4)「〜のとき」は when 〜。文の前半にある場合は，when 〜 のまとまりの最後にコンマ（,）を入れる。if 〜 などほかの語も同じ。
(5)「もし〜なら」は if 〜。
(6)「〜したあと」は after 〜。
(7) Why 〜? に Because 〜.（なぜなら〜だからです。）で理由を答える形。

Step 2 実力完成問題 (p.72-73)

1 (1) ウ (2) ア (3) イ

解説 (1) ♪読まれた音声 A: Hi, Becky. You were absent from school yesterday. What happened?（やあ，ベッキー。昨日，学校を休んだね。どうしたの？）
B: Hi, Kenta. I didn't feel good, so I stayed in bed all day.（こんにちは，健太。具合が悪かったから，1日じゅう寝ていたの。）
A: Oh, that's terrible. Don't be too hard on yourself today.（ああ，それは大変だったね。きょうは無理しすぎないでね。）
Question: Why was Becky absent from school yesterday?（ベッキーはなぜ，昨日学校を欠席したのですか。）
(2) ♪読まれた音声 A: Now, I'm leaving.（じゃあ，行ってきます。）
B: Don't be nervous, Evelyn. I'm sure you can do it.（緊張しないようにね，エブリン。きみならきっとやれるさ。）
A: Thanks, Dad. I'll do my best. Taking a test always makes me nervous.（ありがとう，パパ。精一杯がんばるわ。試験を受けるのはいつも緊張するわね。）
B: Take it easy. I'll pick you up at the station after you finish the exam.（気楽にね。試験が終わったら，車で駅まで迎えにいくよ。）

Question: What is true about the man?（男性について正しいことは何ですか。）

(3) ♪読まれた音声 *A:* Hi, Daniel. I called you last night.（やあ，ダニエル。昨日の夜，電話したんだけど。）

B: Really? Oh, it's true! I didn't notice. I'm sorry.（本当？ ああ，本当だ！ 気づかなかったよ。ごめん。）

A: Were you listening to music again?（また音楽を聞いていたの？）

B: It wasn't that. Actually, I was playing an online game.（そうじゃないんだ。実は，オンラインゲームをしていたんだ。）

Question: What was the man doing when the woman called him?（女性が電話したとき，男性は何をしていましたか。）

2 (1) **If** (2) **when** (3) **that**
　(4) **before** 　(5) **because**

解説 文の意味をよく考えて，適切な語を選ぶ。それぞれの文の意味は以下のとおり。
(1)「もしあなたが納豆が好きではないなら，食べなくてもいいですよ」。
(2)「私が起きたとき，雨が降っていました」。
(3)「すみませんが，あなたといっしょに行けません」。
(4)「ジムは寝る前に牛乳をいくらか飲みました」。
(5)「佐藤さんはアメリカに長く住んでいたので，英語を上手に話すことができます」。

3 (1) **because** (2) **When** (3) **that**
　(4) **before** 　(5) **if[when]**

解説 (2) when ～（～のとき）が文の前半にきている形。あとに疑問文が続いている。
(3) この that ～ は「～ということ」の意味で，ここでは knows の目的語になっている。この that はよく省略される。
(5) if ～ や when ～ などが未来についていう場合でも，if や when などに続く文は現在形で表す。

4 (1) (Can) you help me if you have time(?)
　(2) I think Yumi and Mari cleaned the classroom.
　(3) I called Jim because I wanted to talk (with him.)

解説 (1) Can が文の最初にあるので，Can you ～? で「～してくれますか」を表す。まず「（私を）手伝ってくれますか」をつくり，文の後半に「もし～なら」の if ～ がくる形にする。
(2)「私は～だと思う」は I think（that）～. で表す。ここでは that がないので，that を省略した文に。
(3) with him（彼と）が文の終わりにあるので，「彼（ジム）と話したかったので」は文の後半に，「ジム（彼）に電話した」を前半にする。

5 (1) If you don't have a bike, I'll give you mine[give mine to you].
　(2) I know (that) Yuka's mother is a pianist.

解説 (1) if … bike の部分が文の後半にくる形でもよい。
(2) I know（私は知っています）のあとに（that）～（～ということ）を続ける。

6 (例)(1) (What) do you like to do when you're[you are] free(?)
　(2) (I) like listening[to listen] to music because I feel relaxed (when I do.)

解説 (1) メモのテーマの内容をたずねる文に。「あなたはひまなとき何をするのが好きですか」とする。
(2) メモにあるリサの回答を英文にする。

---

16 比較①（比較級，最上級）

Step 1 基礎力チェック問題（p.74-75）

1 (1) **younger** (2) **smallest**
　(3) **than** (4) **of**

解説 (1) ほかと比べて「より[もっと]～」というときは比較級で表す。比較級は形容詞・副詞の語尾に er をつけた形。
(2)「（…の中で）いちばん～」というときは，最上級で表す。最上級は形容詞・副詞の語尾に est をつけた形。
(3) 比べる相手を表して「…より」という場合は than … で表す。

(4)「…の中でいちばん〜」というとき,「…の中で」が複数を表す語の場合は of … で表す。

2 それぞれ比較級・最上級の順に示す。

(1) longer, longest

(2) earlier, earliest

(3) bigger, biggest

(4) larger, largest

(5) better, best

(6) more interesting, most interesting

(7) more beautiful, most beautiful

(8) more, most

解説 (2) early は語尾の y を i にかえて er, est をつける。

(3) big は語尾の g を重ねて er, est。

(4) large は語尾が e なので, r, st だけをつける。

(5) good の比較級, 最上級は不規則に変化する。well (うまく, よく) の比較級, 最上級も同じ。

(6)(7) つづりが長い語は, 前に more, most をつける。

(8) many の比較級, 最上級は不規則に変化する。much (多量の, たくさん) の比較級, 最上級も同じ。

3 (1) higher   (2) oldest

(3) more popular   (4) most important

(5) better

解説 (1)「〜より高い」なので比較級に。語尾に er。

(2)「いちばん古い」なので最上級に。語尾に est。

(3)「〜より人気だ」なので, 比較級に。popular の比較級は前に more。

(4)「いちばん大切な」なので最上級に。important の最上級は前に most。

(5)「〜より上手に」なので比較級に。well の比較級は better。

4 (1) bigger[larger] than

(2) the easiest

(3) the earliest in

(4) more famous than

解説 (1)「…より大きい」なので比較級の文。比較級のつづりに注意。「…より」は than …。

(2)「…のうちで, いちばんやさしい」なので最上級の文。easy (やさしい, 簡単な) の最上級は y

をiにかえて est。最上級の前には the をつける。

(3) early (早く) の最上級は y を i にかえて est。最上級の前には the をつける。your family は範囲なので「家族 (のうち) で」は in 〜 とする。

(4) famous (有名な) の比較級は前に more。

1 (1) A   (2) B

解説 (1) ♪読まれた音声 A. Mike is taller than Takeshi. (マイクは武志より背が高いです。)

B. Mike is younger than Takeshi. (マイクは武志より若いです。)

C. Takeshi is smarter than Mike. (武志はマイクより頭が良いです。)

(2) ♪読まれた音声 A. Carol runs faster than Saki. (キャロルは咲より速く走ります。)

B. Carol plays the guitar better than Saki. (キャロルは咲より上手にギターを弾きます。)

C. Saki gets up earlier than Carol. (咲はキャロルより早起きです。)

2 (1) longer   (2) the tallest

(3) more   (4) of   (5) more

解説 (1) あとに than があるので比較級を選ぶ。「3月は2月より長い」という文。

(2) taller では意味が通らない。最上級には前に the がいるので, the tallest を選ぶ。「あれが市でいちばん高い建物です」という文。

(3) あとに than があるので, interesting を比較級にする more を選ぶ。

(4) あとが the three と複数を表す語なので, of。

(5) あとに than があるので, many の比較級 more を選ぶ。「久美はリサよりたくさんの CD を持っています」という文。

3 (1) larger   (2) best

(3) more slowly

解説 (2)「いちばんおいしい」を good の形をかえて表すので, 最上級 best にする。

(3)「もっと〜」なので比較級にする。slowly など〜ly の形の語は, 前に more をつけて比較級にするものが多い。

4 (1) busier than   (2) more difficult than

(3) the hottest   (4) the best of

解説 (1) busy（忙しい）を比較級に。y を i にかえて er。

(2) difficult（難しい）を比較級に。前に more をつける。

(3)「いちばん暑い」は hot を最上級に。語尾の t を重ねて est。最上級の前には the をつける。

(4) well（上手に）の最上級 best を使う。最上級の前には the。all(みんな)は複数を表す語なので，「〜の中で」は of 〜。

⑤ (1) Sayaka looked happier than Maki.
　(2) Mt. Fuji is the highest mountain in Japan.

解説 (1) Sayaka looked（さやかは〜に見えた）のあとに，happy の比較級 happier を続ける。「真希より」は than Maki。

(2) highest（いちばん高い）の前には the。この the highest を mountain（山）の前につけて「いちばん高い山」とする。このように，比較級・最上級が名詞を修飾する形もある。

⑥ (1) Safety is more important than speed.
　(2) Kenji got up earlier than his mother.
　(3) What is[What's] the most popular sport in your country?

解説 (1) important（大切な）の比較級は前に more。「…より」は than …。

(2) まず Kenji got up（健二は起きた）を書き，early（早く）の比較級 earlier を続けて，そのあとに than his mother（彼のお母さんより）。

(3)「何」なので what の疑問文。What is 〜? で「〜は何か」。「いちばん人気の」は popular の最上級。前に most をつける。最上級なので the が必要。この the most popular で sport を修飾する。最後に in your country（あなたの国で）。

⑦ (1) Your room is larger than (mine.)
　(2) Which is the most interesting of all?

解説 (1)「あなたの部屋は私のより大きい」という文。

(2) 恵美の本棚にあるたくさんの本について話している場面。直後で恵美が that's a difficult question（それは難しい質問です）と言っているので，下線部は疑問文。which があるので「どれ」の疑問文だと見当がつく。示されている語で the

most interesting（いちばんおもしろい），of all（すべての中で）をつくることができ，残った which と is とつなげて「すべての中でどれがいちばんおもしろいですか」という文になる。

Step 1 　基礎力チェック問題 （p.78-79）

1 (1) big 　(2) stronger
　(3) better 　(4) the best

解説 (1) as 〜 as …（…と同じくらい〜）の「〜」は，比較級や最上級ではないふつう（＝原級）の形容詞や副詞。

(2) 2つを比べているので比較級を使う。

(3)「B より A のほうが好き」は like A better than B。

(4)「A がいちばん好き」は like A (the) best。

2 (1) as tall 　(2) as fast
　(3) wasn't as difficult

解説 (2)「速く」は fast。

(3)「〜ではなかった」なので，be 動詞の過去の否定文。空所の数から短縮形 wasn't を使う。

3 (1) smaller, or 　(2) more popular, or
　(3) Who, faster, or

解説 「A と B ではどちらがより〜か」は〈Which … 比較級，A or B?〉で表す。

(1)「この箱とあの箱では」は this box or that one と or を使うことに注意。

(2) popular（人気のある）の比較級は more popular。

(3) 人についてたずねるときは，which ではなく who を使う。

4 (1) better than 　(2) the best
　(3) likes, the best

解説 「B より A のほうが好き」は like A better than B，「A がいちばん好き」は like A (the) best。

(3) 主語が3人称単数なので，likes に。

> **ミス対策**「BよりAのほうが好き」は like *A* better than *B* の形で，英語ではまず好きなほうを先に言う。日本語とは逆なので，気をつけること。

⑤ (1) any other　(2) the second longest
　　(3) three times as

解説 (1)〈比較級＋than any other …〉で「ほかのどの…よりも〜」という意味。other のあとの名詞は単数形。
(2)「○番目に」というときは〈the＋序数＋最上級〉。
(3)「〜の X 倍」というときは，as 〜 as …の前に X times。

Step 2 実力完成問題　　　(p.80-81)

① (1) C　(2) C

解説 (1) **♪読まれた音声** A. Kenji is taller than Shun.（健二は俊より背が高いです。）
B. Shun is taller than Kenji.（俊は健二より背が高いです。）
C. Kenji is as tall as Shun.（健二は俊と同じくらいの背の高さです。）
(2) **♪読まれた音声** A. Pochi is bigger than Max.（ポチはマックスより大きいです。）
B. Max is as big as Bella.（マックスはベラと同じくらいの大きさです。）
C. Max is bigger than any other dog.（マックスは他のどの犬よりも大きいです。）

② (1) tall　(2) isn't as　(3) the best
　　(4) more　(5) better than

解説 (2)「お金は命ほど大切ではない」という文。英文には動詞が必要なので，isn't as 〜 as … の形に。
(3) あとに of all colors（すべての色の中で）とあるので，like 〜 the best（〜がいちばん好き）に。
(4)「この映画とあの映画では，どちらのほうがおもしろいか」という文。interesting の比較級は前に more。
(5) あとに pizza（ピザ）があるので，like 〜 better than …（…より〜が好き）の文に。

③ (1) as early as　(2) likes, better than

(3) Which, more difficult, or
(4) like, the best
(5) Which, like better, or

解説 (3) difficult の比較級は more difficult。
(5)「どちらのほうが好きか」は，which のあとに like 〜 better（〜のほうが好き）を疑問文にして続ける。

④ (1) This movie is more popular than any other movie (now.)
　　(2) My father likes trains better than planes.
　　(3) Which is higher, Mt. Aso or Mt. Asama?

解説 (1) than any other …で「ほかのどの…よりも」という意味。other のあとの名詞は単数形にすることに注意。
(2) まず like(s) trains（列車が好き）と好きなほうを先にいう。日本語とは逆なので注意。

⑤ (1) I like Ms. Sato's class[classes] (the) best.
　　(2) This room is three times as large as our classroom.
　　(3) I can't[cannot] play the piano as well as my sister.

解説 (1) like 〜 (the) best（〜がいちばん好き）の文。
(2)「…の X 倍」というときは，as 〜 as … の前に X times をつけて表す。
(3)「…ほど〜ではない」なので，as 〜 as … を使った否定文。「弾けない」なので can't[cannot] の文に。「上手に」は well。

⑥ (例)(1) Yamagata looks as big[large] as Miyagi.
　　　(2) Which is smaller, Tokyo or Osaka?

解説 (1)「〜に見える」は look 〜。「同じくらいの大きさ」は「同じくらい大きい」と考えて，as 〜 as …（…と同じくらい〜）で表す。
(2)〈Which … 比較級, *A* or *B*?〉（AとBではどちらがより〜か）の文。

【全文訳】
勇太：やあ，ジム。地図を見ているのかい？
ジム：うん。山形は宮城と同じくらいの大きさに

見えるな。

勇太：実際には山形のほうが宮城より大きいと思うよ。

ジム：へえ，本当？ 東京と大阪ではどっちが小さいの？

勇太：ええと……わからないな。図書室へ調べに行くのはどうかな。

ジム：いいよ。

定期テスト予想問題 ⑤　　(p.82-83)

1 (1) **ア** (2) **イ** (3) **イ**

解説 (1) ♪読まれた音声 *A:* I'm sorry. I'm late. （ごめんなさい。遅れました。）

B: Hi, Jason. No problem. We have some time before the show begins. （やあ，ジェイソン。問題ありません。公演が始まるまでまだ時間があります。）

A: Good, I'm glad to hear that. There was an accident on the Blue Line. I had to stay at the station. （よかった，それを聞いて安心しました。ブルーラインで事故があって，駅で足止めされてしまったんです。）

Question: Why was the man late? （男性はなぜ遅れたのですか。）

(2) ♪読まれた音声 *A:* Are you going to go to the party tomorrow?（明日，パーティーに行く予定？）

B: Well, actually, I'm still deciding. I have a lot of homework to do from my cram school. （えっと，実はまだ迷っているんだ。塾でたくさんの宿題があってさ。）

A: You should come! Tomorrow is Saturday, and you can do your homework on Sunday. （行くべきだよ！ 明日は土曜日だから，宿題は日曜日にできるよ。）

B: OK. I'll get up earlier tomorrow to do my homework. I'll join you after I finish it. （わかった。明日は宿題をするためにいつもより早く起きるよ。宿題が終わったあとで，参加するね。）

Question: What is true about the man? （男性について正しいことは何ですか。）

(3) ♪読まれた音声 *A:* Excuse me. I'm looking for a robot cleaner. What do you recommend? （すみません。ロボット掃除機を探しています。おすすめはありますか。）

B: We'd recommend this one, Dust Remover. This is the latest model in our store. （こちらのダスト・リムーバーがおすすめです。当店では最新のモデルになります。）

A: Umm .... That is a little expensive for me. （うーん……。私には少し高価ですね。）

B: Then, how about this E-Cyclone? This price is more reasonable, but I think the quality is as good as Dust Remover. （では，こちらのEサイクロンはいかがでしょう？ こちらのお値段はもっとお買い求めやすく，品質もダスト・リムーバーと同じくらい良いと思います。）

Question: What does the woman say about the robot cleaners? （女性はロボット掃除機について何と言っていますか。）

2 (1) **イ** (2) **ウ** (3) **イ** (4) **ア**

解説 (1) when はあとに主語・動詞を続けて，「～のとき」の意味を表す。「ジムは，お母さんが彼の部屋に入ってきたとき，音楽を聞いていました」という文。

(2) that はあとに〈主語＋動詞〉を続けて，「～ということ」の意味を表す。know, think, say などの目的語になる。「彼女は，里美はピアノをとても上手に弾くと言います」という文。

(3) than any other …で「ほかのどの…よりも」という意味。other のあとの名詞は単数形。

(4) 「A と B ではどちらがより～か」は，〈Which … 比較級, A or B?〉の形で表す。

3 (1) **If, do** (2) **can't[cannot], because**
　　(3) **best, in**

解説 (1) 「もし～なら」は if ～。if ～ は文の前半にも後半にもおける。前半にくる場合は，if ～ の終わりにコンマ（, ）を入れる。

(2) 「～なので」は because ～。

(3) 「いちばん上手な」は good の最上級 best。最上級の文での「～の中で」は，複数を表す語には of, 範囲や場所を表す語には in。

4 (1) **(We) couldn't play soccer because it was raining(.)**

(2) When you called me, I was reading (a book.)

(3) (Ms. Oshima) is as old as my mother(.)

(4) (I) can swim faster than my brother(.)

解説 (1)「～なので」は because ～。

(2)「～のとき」は when ～。when ～ は文の前半にも後半にもおくことができるが，ここでは文の終わりに a book があることから，when ～ を文の前半におく。前半にするときは when ～ の終わりにコンマ（, ）を入れる。

(3)「～と同じくらい…」は as … as ～で表す。

(4)「兄より速く」は faster than my brother。

5 (1) Asagi (2) Akane (3) Midori

(4) Sakura

解説【全文訳】

アカネ山は 4 つの中でいちばん高い山だ。18 人の生徒がそこに行きたいと答えたが，ここから少し遠すぎると思う。アサギ山はアカネ山と同じくらい人気がある。アサギ山はミドリ山よりも少し高い。サクラ山は全部の中でいちばん低い山だ。それはここからいちばん近い山でもあるが，そこに行きたいと答えた人はだれもいなかった。

---

18 受け身

Step 1 基礎力チェック問題 （p.84-85）

1 (1) made (2) liked (3) was

(4) eaten (5) by

解説「（…によって）～される」は〈be 動詞 ＋ 過去分詞（by …）〉。

(3)「撮られた」なので過去の文。be 動詞の過去形を使う。主語が 3 人称単数なので was。

(4) eat（食べる）の過去分詞は eaten。

(5) 受け身の文で「…によって」というときは by …。

2 (1) washed (2) cleaned (3) used

(4) played (5) built (6) read

(7) spoken (8) written (9) taken

(10) seen

解説 動詞の過去分詞は，多くが過去形と同じであるが，過去形とはちがう場合もある。

(1)～(4) 過去形と同じく語尾に ed または d をつける。

(5)(6) 過去形と同じであるが，過去形が不規則変化のものなので注意。read の過去形・過去分詞は，read だが発音が[red]。

(7)～(10) 過去分詞が過去形とはちがう動詞。ひとつひとつ正しく覚えること。

3 (1) is opened (2) are read

(3) was used (4) were invited

(5) is spoken (6) made by

解説「（…によって）～される」を表す〈be 動詞 ＋ 過去分詞（by …）〉の文に。be 動詞は，主語と，現在か過去かで正しく使い分ける。

(2) read（読む）の過去分詞は read。発音は[red]。

(3) 過去の文なので，be 動詞を過去形に。

(4) 過去の文で主語は複数。be 動詞は were。

(5) speak（話す）の過去分詞は spoken。

(6) make（作る）の過去分詞は made。「…によって」というときは by …。

4 (1) isn't seen (2) wasn't washed

(3) Is, taught (4) Were, taken

(5) was, built (6) Is, cleaned / is

解説 (1) 受け身の文の否定文は，be 動詞のあとに not。空所の数から短縮形 isn't に。「見る」は「目に入る，見かける」という意味合いの see を使う。過去分詞は seen。

(2) 過去の否定文。主語が 3 人称単数なので wasn't。

(3) 疑問文は be 動詞で文を始める。teach（教える）の過去分詞は過去形と同じ taught。

(4) take（〈写真を〉撮る）の過去分詞は taken。過去の文であることに注意。

(5) When のあとに疑問文を続ける。build（建てる）の過去分詞は built。

(6) 疑問文に答えるときは，be 動詞を使う。

Step 2 実力完成問題 （p.86-87）

1 (1) B (2) B

解説 (1) ♪読まれた音声 Excuse me. Is this seat taken?（すみません。この席にはどなたかいらっしゃいますか。）

A. Sure. It's 500 yen.（もちろんいいですよ。500 円になります。）

B. No, it's not. Go ahead. （いいえ，いません。どうぞ。）

C. Yes, it is. It takes about 15 minutes. （はい。15分くらいかかります。）

(2) ♪読まれた音声 What language is spoken in Canada? （カナダでは何語が話されていますか。）

A. It will be snowy around here. （このあたりでは雪が降るでしょう。）

B. They speak English and French. （英語とフランス語が話されています。）

C. It is located next to the U.S. （アメリカ合衆国のとなりに位置しています。）

2 (1) イ (2) ア

解説 (1) ♪読まれた音声 *A:* Hi. I'd like to check out these books. Here's my library card. （こんにちは。これらの本を借りたいです。これが私の図書館カードです。）

B: OK. The books must be returned within two weeks. （はい，けっこうです。本は2週間以内に返却されなければなりません。）

A: All right. I'll return them in time. （わかりました。期限内に返します。）

Question: Who is the woman? （女性はだれですか。）

(2) ♪読まれた音声 *A:* Excuse me. May I see your ticket, please? （すみません。チケットを拝見できますか。）

B: What? I passed my museum ticket to staff at the entrance. （何ですって？ 入館チケットは入り口でスタッフに渡してしまいましたが。）

A: To see the exhibition here, you need a special ticket. The tickets are sold over there. （こちらの展示をご覧になるには，特別なチケットが必要です。チケットはあちらで販売しております。）

B: I see. I'll go and buy one then. （わかりました。では，買ってきます。）

Question: What is the problem? （問題は何ですか。）

3 (1) **visited** (2) **are used**
　(3) **was built** (4) **Are** (5) **I'm not**
　(6) **Was**

解説 (1)「ニューヨークはたくさんの人に訪れられる → ニューヨークにはたくさんの人が訪れる」という文。visit（訪れる）を過去分詞に。

(2) are using では「コンピューターが使っている」という現在進行形の文になるので注意。

(4)「彼の本はあなたの国で売られているか」という文。受け身の疑問文なので，be 動詞で文を始める。

(5)「私はそのパーティーには招待されていない」という文。受け身の否定文の形に。

(6) 受け身の疑問文。文の終わりに yesterday（昨日）があることに注意。

4 (1) **loved** (2) **made** (3) **read**
　(4) **written** (5) **seen**

解説 すべて受け身の文なので，それぞれの動詞を過去分詞に。

(3) read の過去分詞は read。

(4) write の過去分詞は written。「これらの手紙はある有名な音楽家によって書かれました」という文。

(5) see の過去分詞は seen。「この花はアジアで見られますか」という文。

5 (1) **The picture was painted by Picasso.**
　(2) **This CD isn't sold in Japan.**

解説 (1) 受け身は〈be 動詞＋過去分詞〉の形。(2) 否定文は be 動詞のあとに not。

6 (1) **This movie[film] was made by a university student.**
　(2) **This picture[photo] was taken in Hokkaido.**
　(3) **This book was written 50[fifty] years ago.**

解説 (1) まず this movie was made（この映画は作られた）として，そのあとに by …（…によって）を続ける。

(2) 過去の文なので be 動詞を過去形に。this picture was taken（この写真は撮られた）のあとに in ～（～で）。take（撮る）の過去分詞は taken。

(3) 過去の文なので be 動詞を過去形に。this book was written（この本は書かれた）のあとに ～ ago（～前に）。write（書く）の過去分詞は written。

7 (1) **It is visited by a lot of people (every**

year.)

(2) When was the temple built（?）

解説 (1) 主語 it は前の文にある Kyoto をさす。is visited で「訪れられる」となり，そのあとに by …（…によって）を続ける。「それ（京都）は毎年多くの人に訪れられる」という文。

(2) when の疑問文にする。あとに was ～? を続ける。「その寺はいつ建てられたか」という文。

【全文訳】

ケイト：わあ！　とてもたくさん人がいる！

真希：うん。京都はとても人気のある観光地だからね。毎年多くの人が訪れるんだよ。

ケイト：なるほどね。

真希：ケイト，これが清水寺だよ。

ケイト：わあ，すごくすてきで，とても古そうだね。このお寺はいつ建てられたの？

真希：この本によると，1,200 年ほど前だって。

19　現在完了形

Step 1　基礎力チェック問題 （p.88-89）

1 (1) have known　(2) have you lived
(3) has been raining
(4) has been practicing

解説 (1)「ずっと～している」という継続の意味を表す現在完了形。

(2) 現在完了形の疑問文は，have を主語の前にもってくる。

(3)(4) 動作についての継続を表す場合は，〈have[has] been ＋ ing 形〉の現在完了進行形を使う。

2 (1) have been　(2) Have you ever
(3) has never told　(4) have never seen
(5) many times have

解説 (1) have been to ～で「～に行ったことがある」。

(3)(4)「（一度も）～したことがない」は〈have[has] never ＋ 過去分詞〉で表す。tell の過去分詞は told。

(5)「これまでに何回～したことがありますか」と回数をたずねるには，How many times have you ～? を使う。

3 (1) just got[gotten]　(2) hasn't finished
(3) Have you　(4) Has, yet
(5) has already arrived

解説 (1)「ちょうど～したところだ」という完了の意味を表す現在完了形。「ちょうど」は just で表す。

(2)「まだ～していない」は have[has] not ～ yet の形で表す。yet は否定文では「まだ」の意味。

(4) yet は疑問文では「もう」の意味。

(5) already は「もう，すでに」という意味。

4 (1) since　(2) yet　(3) ever　(4) for

解説 (1) since は「～以来」という意味。継続用法の現在完了形とよくいっしょに使われる。

(2) yet は疑問文では「もう」，否定文では「まだ」の意味。

(4) for は「～の間」という意味で，期間を表す。

Step 2　実力完成問題　（p.90-91）

1 (1) ウ　(2) イ　(3) ア

解説 (1) ♪読まれた音声 A: Have you seen a movie at Moonlight Theater yet?（もうムーンライト・シアターで映画を見たかい？）

B: Yes. I saw an action movie last week. The screen there was very big.（ええ。先週，アクション映画を見たわ。あそこのスクリーンはとても大きかったわ。）

A: Sounds great! I haven't been there since it opened last month. I want to go and see a movie there soon.（すごそうだね！　先月オープンしてから，まだそこに行っていないんだ。早く行ってそこで映画を見たいよ。）

Question: What is true about the man?（男性について正しいことは何ですか。）

(2) ♪読まれた音声 A: When did you travel abroad for the first time, Ken?（初めて海外を旅行したのはいつ，健？）

B: My first trip was about 20 years ago, I think. Since then, I've visited many countries.（ぼくの最初の旅行は 20 年くらい前だと思うな。それから，これまでにたくさんの国を訪れてきたよ。）

A: That's great. What's your favorite place?（いいね。お気に入りの場所はどこなの？）

B: Thailand. I have visited 10 times. I like seeing the beautiful temples there. (タイだね。これまでに 10 回行ったことがあるよ。そこの美しいお寺を見るのが好きなんだ。)

Question: How many times has the man been to Thailand? (男性はこれまでに何回タイに行ったことがありますか。)

(3) ♪読まれた音声 *A:* Hello? This is Brian. (もしもし。ブライアンだけど。)

B: Hi, Brian. Where are you now? Isabel is already here, and Takeru has just arrived, too. (やあ, ブライアン。今, どこにいるの？ イザベルはもうここにいて, 尊もちょうど着いたところよ。)

A: I think I'm lost. You said your house is close to Southern Cross Café, right? I've just got there, but I can't find your house. (道に迷ったと思うんだ。きみの家はサザンクロス・カフェのすぐそばだって言ってたよね？ ちょうどそこに着いたところなんだけど, きみの家が見つけられなくて。)

B: OK. I'll come to the café. Can you wait for a moment there? (わかったわ。カフェまで行くわね。そこで少し待っていてくれる？)

Question: What is happening to Brian? (ブライアンに何が起きていますか。)

2 (1) **have lived, for** (2) **Have you ever**

　(3) **has not, yet**

　(4) **has been watching**

解説 (1) for a long time で「長い間」という意味。

(2) Have you ever been to 〜? は「〜に行ったことがありますか」という意味。

(3) yet は否定文では「まだ」の意味。

(4) watch TV (テレビを見る) などの動作について「ずっと〜している」というときには, 現在完了進行形で表す。

3 (1) **ア** (2) **イ**

解説 (1)「もう〜しましたか」という完了の意味の現在完了形の疑問文に No で答えるには, No, I haven't. のほかに No, not yet. (いいえ, まだです。) も使われる。

(2) B の I've been there twice. (そこに 2 回行っ

たことがあります。) という返答から, A は回数をたずねていることがわかる。How many times have you 〜? で「これまでに何回〜したことがありますか」という意味。

4 (1) **Have you done your math homework yet(?)**

　(2) **How long have you known (Jack?)**

　(3) **(Susan) has never listened to Japanese rock(.)**

解説 (1) Have you 〜 yet? で「もう〜しましたか」という意味の疑問文。just が不要。

(2) How long have you 〜? で「どれくらい長く〜していますか」という意味の疑問文。many が不要。

(3) has never 〜 で「一度も〜したことがない」という意味。no が不要。

5 (1) **Have you ever been to China?**

　(2) **It has been snowing since last night.**

解説 (1) Have you ever been to 〜? で「〜へ行ったことがありますか」という意味の疑問文。

(2) 天気を表す it を主語にする。「ずっと雪が降っている」は現在完了進行形を使って it has been snowing と表す。

6 ① **been** ② **went** ③ **traveled**

解説 ② last year (昨年) という過去のことを表すので, 過去形を使う。

③ so far は「これまでに」という意味。現在完了形を使って, We've traveled to many places (私たちはたくさんの場所に旅してきました) という文にすると, 意味が通る。

---

20 間接疑問文

Step 1 基礎力チェック問題 (p.92-93)

1 (1) **(Do you know) who that man is(?)**

　(2) **(I don't understand) what you mean(.)**

　(3) **(Can you tell me) what time it is(?)**

　(4) **(I'll ask Miku) when she will come(.)**

解説 (1)(2)(3) 文の中に疑問文を入れて間接疑問文にするには, 〈疑問詞＋主語＋動詞〉の語順にする。

(4) will など助動詞が入る場合は, 〈疑問詞＋主語

〈+助動詞+動詞〉の語順。

2 (1) where (2) what it is (3) how much
(4) where I left (5) where Bob will go

解説 (1)「どこで」なので where。

(2)〈疑問詞+主語+動詞〉の語順。

(3)「（値段が）いくら」は how much。

(4)〈疑問詞+主語+動詞〉の語順。

(5) 助動詞が入るときは〈疑問詞+主語+助動詞+動詞〉の語順。

3 (1) who she is   (2) what this is
(3) where Sakura is (4) when he will
(5) who broke   (6) when the train

解説 (1) I know のあとに〈who+主語+動詞〉を続ける。

(2) What is this?（これは何ですか。）の語順を変えて文の中に入れる。

(3)〈tell＋人＋もの〉の「もの」の部分が〈疑問詞＋主語＋動詞〉になっている。

(4)「ここへ来る予定」と未来のことなので，will を使う。

(5) Who broke the window?（だれがその窓を割りましたか。）と，疑問詞が主語になっている文を間接疑問文にする場合は，〈疑問詞＋動詞〉の語順はかわらない。

(6) When does the train arrive? の語順を〈疑問詞＋主語＋動詞〉の語順に変える。

Step 2 実力完成問題　(p.94-95)

1 (1) ウ (2) ア

解説 (1) ♪読まれた音声 *A:* Excuse me. Has the 9:30 bus left yet?（すみません。9 時 30 分のバスはもう出発してしまいましたか？）

B: No, not yet. Actually, it has been delayed because of the traffic jam.（いいえ，まだです。実は，交通渋滞により遅れています。）

A: I see. Can you guess what time it will arrive here?（わかりました。何時くらいにここに到着するかわかりますか。）

B: I guess it will arrive in 10 minutes, but I'm not sure.（確かではありませんが，10 分以内には着くと思います。）

Question: What is true about the conversation?（会話について正しいことは何ですか。）

(2) ♪読まれた音声 *A:* Do you know what that tall building is?（あの高い建物は何か知っていますか。）

B: That's a library. It's the biggest library in this city.（あれは図書館です。この街で最大の図書館です。）

A: Really? It doesn't look like a library. My image of a library building is much shorter than that.（本当ですか？　図書館のようには見えないですね。私の図書館の建物イメージは，あれよりもずっと低いです。）

B: I agree with you, but it's not so unusual in a crowded city like this.（同感ですが，ここのように混雑した街ではめずらしいことではないですよ。）

Question: What is true about the man?（男性について正しいことは何ですか。）

2 (1) why Taro is   (2) what I should
(3) whose house (4) what day it
(5) is Maki's bag

解説 (1)「なぜ」は why を使う。

(2)「私は何を持っていくべきですか」＝ What should I bring? の語順を変える。

(3)「だれの家」は whose house を使う。

(4)「今日は何曜日ですか」＝ What day is it today? の語順を変える。

(5)「どちらがマキのバッグですか」＝ Which is Maki's bag? の which は主語なので，間接疑問文でも語順は〈which+動詞〉のままにする。

3 (1) Please tell me who <u>used</u> this computer.
(2) Takuya asked her <u>what</u> time he had to go there.
(3) Do you know what <u>time</u> Megumi got home last night?

解説 (1)〈tell＋人＋もの〉の「もの」の部分が〈疑問詞＋動詞～〉になる。動詞が足りないので,「使った」と過去を表す used を補う。

(2)〈ask＋人＋もの〉の「もの」の部分を疑問詞で始める。「何時に」なので，疑問詞は what time を使う。

(3)「何時に」なので疑問詞 what time を使って，Do you know ～? の間接疑問文をつくる。

4 (1) **I know who that woman is.**

  (2) **Does Mike know what she likes?**

  (3) **Can you tell me when your birthday is?**

解説 (1)(2) 間接疑問文を使う。

(3)「あなたの誕生日はいつですか」= When is your birthday? の語順を変える。

5 (1) **Can you tell me where the restaurant is?**

  (2) **No, she doesn't[does not].**

解説 (1)「そのレストランはどこにありますか」= Where is the restaurant? の語順を変える。

(2) 質問文は，「ベッキーはケイトが何の料理を一番気に入ったのか知っていますか」。ベッキーは最後の発言で「あなたが何の料理を一番気に入ったのかを後で私に教えてください。」と言っているので，No で答える。

定期テスト予想問題 ⑥ (p.96-97)

1 (1) イ (2) イ (3) ア

解説 (1) ♪読まれた音声 *A:* Have you decided on your travel plan yet?（旅行プランについてもう決めましたか。）

B: No, not yet. There're so many good places to visit in Nagano.（いいえ，まだです。長野には訪れるのによさそうな場所がとてもたくさんあって。）

A: Look. I've found an interesting place. It's a soba restaurant. You can eat soba, and you can try making it yourself.（見てください。おもしろそうな場所を見つけました。これはそば店です。そばを食べられますし，自分でそばを作る体験もできます。）

B: Wow! Sounds interesting. I've never made soba before.（わあ！ おもしろそうですね。私は今までそばを作ったことはありません。）

Question: What is the man doing?（男性は何をしていますか。）

(2) ♪読まれた音声 *A:* Brian, you're going to go to the birthday party for Emi tomorrow, right?（ブライアン，明日は絵美の誕生日パーティーに行くのよね？）

B: Yes, Mom. I can't wait. I bought a present for her. Can you guess what it is?（うん，ママ。待ち切れないよ。彼女にプレゼントを買ったんだ。それが何だかわかる？）

A: Hmm... Emi likes music, so is it a CD?（うーん……絵美は音楽が好きだから，CD？）

B: Close! I bought wireless earphones. She can listen to music anywhere with them.（おしい！ ワイヤレスイアフォンを買ったんだ。これを使ってどこでも音楽が聞けるよ。）

Question: What did Brian buy for Emi?（ブライアンは絵美に何を買いましたか。）

(3) ♪読まれた音声 *A:* I want to reserve a large room on a high floor with a great view.（絶景が見られる高層階の，広い部屋を予約したいのですが。）

B: Certainly. In the rooms on the top floor of our hotel, you can enjoy a great view. Mt. Fuji can be seen if it's a clear sunny day.（かしこまりました。当ホテルの最上階の部屋からは，すばらしい景色をお楽しみいただけます。よく晴れた日には，富士山も見られますよ。）

A: Perfect. I need a room for this weekend.（完璧です。今週末に1部屋，お願いします。）

B: I'm sorry. All the rooms are reserved for all days in this month. For next month, we still have a room available.（申し訳ございません。今月は，すべての日程で予約がいっぱいとなっております。来月でしたら，まだお部屋の余裕がございます。）

Question: What is true about the conversation?（会話について正しいことは何ですか。）

2 (1) **have lived** (2) **are used** (3) **just left**

  (4) **Yumi will** (5) **have been, twice**

  (6) **is spoken**

解説 (1)(3) 〈have[has] + 過去分詞〉の現在完了形。

(2)「～される」は〈be 動詞 + 過去分詞〉の受け身の形で表す。

(4) 助動詞を含んだ間接疑問は，〈疑問詞＋主語＋助動詞＋動詞〉の語順。

(5) have been to ～で「～に行ったことがある」。「2回」は twice で表す。

③ (1) cleaned　(2) known　(3) been

解説 (1) 公園は「掃除される」ものなので，〈be動詞＋過去分詞〉の受け身の形で表す。

(2) know each other で「おたがいに知っている＝知り合いである」。know の過去分詞は known。

④ (1) **Have you ever been to Hokkaido?**

(2) **This car is[was] made in Japan.**

解説 (1)「～に行ったことがありますか」は Have you ever been to ～? で表すことができる。

(2)「日本製」は「日本でつくられている（つくられた）」と考える。make（つくる）の過去分詞は made。

⑤ (1) **It was written by (Natsume Soseki.)**

(2) **Have you ever read his book(s)?**

(3) **(Can you tell me) which book I should read (first?)**

解説 (1) written は write（書く）の過去分詞。was written で「書かれた」と受け身の形に。主語 it は直前の文の *Botchan*（「坊っちゃん」）をさす。受け身の文で by … は「…によって」。

(2)「今までに～したことがありますか」という現在完了形の疑問文で表す。read の過去分詞は read。

(3)「どの本を読むべきですか」＝ Which book should I read? を間接疑問にする。

【全文訳】

ケイト：こんにちは，直美。本を読んでいるの？
直美：うん。これは『坊っちゃん』だよ。夏目漱石によって書かれたの。
ケイト：ああ，彼のことは聞いたことがあるわ。有名な作家なんだよね。
直美：うん。今まで，彼の本を読んだことはある？
ケイト：いいえ，ないわ。
直美：本当？　じゃあ，読んでみるべきよ。彼の本はすべておもしろいわ。
ケイト：まずはどの本を読むべきか教えてくれる？

---

21 その他の学習事項①（会話表現）

Step 1 　基礎力チェック問題 （p.98-99）

① (1) Could　(2) I　(3) This is
　(4) Just

解説 (1)「～していただけますか」というていねいな依頼なので，Could you ～? に。

(2)「～してもよろしいですか」とていねいに許可を求める言い方は，May I ～? を使う。自分についてたずねるので主語は I。

(3) 電話で名乗るときは I'm ～. ではなく This is ～. と言う。

(4) Just a minute.（少しお待ちください）は決まった言い方。

② (1) much　(2) get　(3) take
　(4) Turn

解説 (1)「（値段が）いくらか」は how much。how many は「いくつ」，how about ～ は「～はどうか」と提案などに使う表現。

(2) この get は「到着する」という意味を表す。

(4)「曲がる」は turn。

③ (1) エ　(2) イ　(3) ア　(4) ウ

解説 (1) May I help you? は，店で店員が客に「何かおさがしですか」「お手伝いしましょうか」と声をかけるときに使われる。

(3) May I speak to ～? は電話でよく使われる決まった言い方。

(4) try ～ on で「～を試着する」。

④ (1) Can I　　　(2) way to　(3) This is
　(4) How much　(5) Could you
　(6) speak[talk] to / out

解説 (1) 友達などに気軽に許可を求める場合は Can I ～? が適切。

(2) the way to ～で「～への道，道順」。

(5)「～していただけますか」というていねいな依頼なので Could you ～? が適切。

(6) he's out で「彼は出かけている」。

Step 2 　実力完成問題　　　（p.100-101）

① (1) B　(2) C

解説 (1) ♪読まれた音声 *A:* Excuse me. How much

is that bag?（すみません。あのバッグはおいく
らですか。）

B: It's 200 dollars.（200ドルです。）

A. I see. Take care.（わかりました。お大事に。）

B. OK. I'll take it.（わかりました。それをくだ
さい。）

C. You're welcome. See you later.（どういたし
まして。また後で会いましょう。）

(2) ♪読まれた音声 *A:* I want a train pass to go to
school.（学校に通う定期券がほしいです。）

B: Could you show me your student ID?（学生
証を見せていただけますか。）

A. Thank you. Have a nice day.（ありがとうご
ざいます。よい1日をお過ごしください。）

B. Sorry. I'm a stranger here.（ごめんなさい。
このあたりの住人ではありません。）

C. Sure. Here you are.（もちろんです。はい，
どうぞ。）

2 (1) **ウ** (2) **イ** (3) **エ**

解説 (1)直後でBがGo along ～（～に沿って行っ
て…）と応答しているので，**ウ**「図書館へはどう
やって行けばいいですか」が適切。

(2)電話でThis is ～.（～です）と名乗ったあと
に続くので，**イ**「エマをお願いします」が適切。
AのThis is the Brown's.は「ブラウンの家です」
と電話を受けたときの言い方。**ウ**は「どちらさま
ですか」，**エ**は「少しお待ちください」。

(3) Aが「いらっしゃいませ（何かおさがしです
か）」と言い，それに対してYes.と答えているの
で，あとには**エ**「青いシャツをさがしています」
が適切。**ア**は「見ているだけです」の意味。

3 (1) **try, on**　　(2) **Can[Will] you**
(3) **Just[Wait] a**　(4) **take it**
(5) **get[go] to**

解説 (1) May I try this on?（これを試着してもい
いですか）は，このまま覚えておくとよい。

(2)「～してくれる？」と気軽に頼むのでCan you
～? が適切。

(4)買い物でのI'll take it.（それ[これ]をいただ
きます）は，このまま覚えておくとよい。

4 (1) **ウ** (2) **ア** (3) **エ** (4) **イ**

解説 ・Can you ～? / Will you ～?…「～してく

れますか」（気軽な依頼）

・Could you ～?…「～していただけますか」（て
いねいな依頼）

・Can I ～?…「～してもいいですか」（気軽な
許可の要求）

・May I ～?…「～してもよろしいですか」（てい
ねいな許可の要求）

5 (1) **イ** (2) **ア**

解説 (1)「手伝ってくれますか」への応答。**ア**「い
いですよ」，**ウ**「問題ありません（いいですよ）」は，
依頼されたり許可を求められたりしたときの肯定
の応答。

(2)電話での「マイクをお願いします」への応答。
イは「私です」，**ウ**は「少しお待ちください」。

6 (1) **May I speak[talk] to Sayaka?**
(2) **How much is this bag?**
(3) **Could you tell me the way to the
station?**

解説 (1) May I speak to ～? は電話で使う代表的
な表現なので覚えておくとよい。

(2)「（値段が）いくら」はhow much。

(3) Could you tell me the way to ～? はこのまま
覚えておくとよい。

7 (例)(1) **May I take pictures[a picture]?**
(2) **Sorry, she's out.**

解説 (1)ていねいにたずねるので，May I ～?（～
してもよろしいですか）を使うとよい。

(2)「すみません，出かけています」などと応答す
るとよい。

22　その他の学習事項②（熟語）

Step 1　基礎力チェック問題 (p.102-103)

1 (1) **out** (2) **takes** (3) **for**
(4) **to**

解説 (1) go out で「出かける」。go away だと「立
ち去る」。

(2)「～の世話をする」はtake care of ～。

(3)「～をさがす」はlook for ～。look at ～ は「～
を見る」，look like ～ は「～のように見える」。

(4)直訳すると「さやかと話してもよろしいです

か」。speak to 〜 で「〜と話す」。

2 (1) **at** (2) **for** (3) **in** (4) **for**

解説 (1) be good at 〜で「〜が得意である」。

(2) be famous for 〜で「〜で有名である」。

(3) be interested in 〜で「〜に興味がある」。

(4) be late for 〜で「〜に遅れる」。

3 (1) **in** (2) **for** (3) **around**

　　(4) **away**

解説 (1) in the future で「将来」。

(2) for the first time で「初めて」。

(3) around the world で「世界中で」。

(4) far away で「遠く離れて」。

4 (1) **a lot** (2) **a few** (3) **tell**

　　(4) **isn't**

解説 (1) a lot で「たくさん，かなり」。a little は「少し」。

(2) a few は数えられる名詞について「いくつかの，少しの」。a little は数えられない名詞について「いくらかの，少しの」

(3) 「〈人〉に〜するように言う」は〈tell 人 to 〜〉。to のあとは動詞の原形。

(4) is の文なので，「〜ですね」を表す部分では isn't を使い，主語 this book を代名詞 it にして，isn't it とする。

Step 2 実力完成問題 　　　(p.104-105)

1 (1) **イ** (2) **ウ**

解説 (1) ♪読まれた音声 *A:* What do you usually do on weekends?（週末はふだん何をしますか。）

B: I often go shopping, but this weekend, I have a special event.（よく買い物に行きますが，この週末は，特別な予定があるんです。）

A: Great.　What's that?（いいですね。それは何ですか。）

B: I'm going to go fishing with my father.　This will be my first time to go fishing, so I'm looking forward to it.（父親と釣りに行くんです。釣りに行くのはこれが初めてなので，とても楽しみなんです。）

Question: What is the woman going to do this weekend?（女性は今週末，何をする予定ですか。）

(2) ♪読まれた音声 *A:* Have you seen *Dancing under*

Rain?　It's a very famous romance movie.（『ダンシング・アンダー・レイン』を見たことある？とても有名なロマンス映画なんだけど。）

B: Of course, I've heard of it, but I've never seen it before.（もちろん，名前は知っているけど，これまでに一度も見たことはないなあ。）

A: Why?　You are a big fan of movies, aren't you?（どうして？　あなたは大の映画好きでしょ？）

B: It's so old.　It was released more than 20 years ago, wasn't it?　I like to see more recent movies.（古すぎるんだよ。20年以上前に公開された映画でしょ？　ぼくはもっと最近の映画を見るのが好きなんだ。）

Question: What is true about the man?（男性について正しいことは何ですか。）

2 (1) **famous for** (2) **looked for**

　　(3) **One day** (4) **It, to**

　　(5) **how to** (6) **went fishing**

解説 (1)「〜で有名である」は be famous for 〜。

(2)「〜をさがす」は look for 〜。

(3)「ある日」は one day。

(4)「〜することは—にとって…」は It … for — to 〜. で表す。to のあとは動詞の原形。

(5)「〜のしかた」は how to 〜。

(6)「〜しに行く」は go 〜ing で表すことができる。

3 (1) **lot of** (2) **good at**

　　(3) **told, to** (4) **late for**

解説 (1) a lot of 〜で「たくさんの〜」。「多数の（= many）」「多量の（= much）」のどちらの意味も表す。

(2) 上の文は「勇太はバスケットボールがとてもうまい」。これを「勇太はバスケットボールをするのが得意です」と言いかえる。be good at 〜で「〜が得意である」。

(3) 上の文は「私の母は『あなたの部屋をそうじしなさい』と私に言いました」。これを，〈tell 人 to 〜〉（〈人〉に〜するように言う）を使って，「私の母は私に，私の部屋をそうじするように言いました」と言いかえる。tell を過去形 told にすることに注意。

(4) 上の文は「授業は8時半に始まりましたが，

健二は8時40分に来ました」。これを「健二は授業に遅刻しました」と言いかえる。be late for 〜で「〜に遅刻する」。

4 (1) Mike must take care of his sister.

(2) (Kumi) visited Okinawa for the first time(.)

(3) The airport is far away from my town.

解説 (1)「〜の面倒を見る，〜の世話をする」は take care of 〜。

(2)「はじめて」は for the first time。

(3) far away で「遠く離れて」，これに from 〜 (〜から) を続ける。

5 (例)(1) Did you go out last night?

(2) This book is read around the world.

(3) He told me the news and went away.

解説 (1)「出かける」は go out。

(2)「世界中で」は around[all over] the world。受け身の文なので〈be 動詞＋過去分詞〉に。

(3)「立ち去る」は go away。told me the news は told the news to me でもよい。

6 (例)(1) I'm interested in making clothes.

(2) I want to be a designer in the future.

解説 (1)「〜に興味がある」は be interested in 〜。前置詞のあとに動詞を続けるときは〜ing の形 (動名詞) に。

(2)「将来」は in the future。

【全文訳】

　私はファッション雑誌が好きだ。さまざまな服を見るのはとても楽しい。私は服を作ることに興味がある。ときどきオリジナルの服をかく。そのいくつかをカオリに見せたとき，彼女は「すごくいいね！」と言った。それを聞いてとてもうれしかった。将来はデザイナーになりたいと思っている。

23 その他の学習事項③（前置詞）

Step 1 基礎力チェック問題 (p.106-107)

1 (1) at　(2) in　(3) on
(4) for　(5) before

解説 (1) 時刻には at。

(2) 年には in。

(3) 曜日，日にちには on。

(4) 期間や時間の長さを表して「〜間」というときは for 〜。

(5)「〜の前に」は before。前置詞のあとに動詞が続く場合は〜ing の形にするので，あとが playing となっている。

2 (1) at　　(2) in　　(3) on
(4) around　(5) near　(6) under

解説 (1) at 〜で場所を表すときは「ある地点で[に]」という意味合い。

(2) in 〜で場所を表すときは「ある空間の中に[で]」という意味合い。

(3) on 〜で場所を表すときは「表面に接して」という意味合い。

(4)「〜の周りに」は around 〜。

(5)「〜の近くに」は near 〜。

(6)「〜の下に」は under 〜。

3 (1) by　　(2) for　(3) without
(4) about　(5) with

解説 (1) 受け身の文で「〜によって」は by 〜。

(2)「〜のために」は for 〜。

(3)「ミルクを入れずに」は「ミルクなしで」と考える。「〜なしで」は without 〜。

(4)「〜について」は about 〜。

(5)「〜と」は with 〜。

4 (1) me　(2) saying　(3) cooking

解説 (1) 前置詞のあとに代名詞がくるときは，「〜を，〜に」を表す形 (目的格) にする。

(2)(3) 前置詞のあとに動詞がくるときは，〜ing の形 (動名詞) にする。

Step 2 実力完成問題　　　(p.108-109)

1 (1) B　(2) B

解説 (1) ♪読まれた音声 A. There is a clock on the

wall.（壁には時計がかかっています。）

B．There is a plant by the door.（ドアのそばには植物があります。）

C．There is a cat in the basket.（かごの中にはねこがいます。）

(2) ♪読まれた音声 A．I go to a swimming school on Tuesdays.（私は毎週火曜日にスイミングスクールに行きます。）

B．I'm going to have a party on Friday.（私は金曜日にパーティーをする予定です。）

C．I'm going to go traveling for two weeks.（私は2週間の間，旅行に行く予定です。）

2 (1) during　(2) in　(3) at
　(4) from, to　(5) between
　(6) around

解説 (1) during は「（ある期間）の間（ずっと）」の意味。

(2)「朝に，午前中に」は in the morning。

(3) この at は café（カフェ）を地点として見ているイメージ。

(4)「～から…まで」は from ～ to …。

(5)「A と B の間に[で]」は between *A* and *B*。

(6) around here で「この辺りに[で]」。

3 (1) under　　　(2) liked by
　(3) after washing　(4) without, jacket

解説 (1)「～の下に[で]」は under ～。

(2) 受け身の文。「～に（よって）」は by ～で表す。like（好きである）を過去分詞に。

(3)「顔を洗ってから」は「顔を洗ったあとに」と考え，after（～のあとに）を使う。前置詞のあとに動詞がくる場合は～ing の形。

(4)「～を着ないで」は「～なしで」と考え，without ～で表す。

4 (1) It is difficult for me to read English books.
　(2) Is this game sold in your country?
　(3) Ms. Jones bought a book about Japanese culture.

解説 (1)「～にとって」は for ～。of が不要。「～することは―にとって…」は It … for ― to ～. で表すことができる。

(2)「（ある）国で」は in を使う。受け身の文だが

「～によって」という内容はないので，by が不要。

(3)「～に関する，～についての」は about ～。この文では about ～が a book を後ろから修飾している。for が不要。

5 (1) There is a bookstore near the station.
　(2) Kenji plays soccer with his friends [friend] on Saturday[Saturdays].
　(3) I did my homework before dinner.

解説 (1)「～の近くに」は near ～。

(2)「～と」は with ～，「～曜日に」は on ～。on Saturdays とすると，「毎週土曜日に」という意味になる。未来のことと考えて，will や be going to を使った文にしてもよい。

(3)「～の前に」は before ～。

6 (1) on　(2) in　(3) without
　(4) for[to]

解説 (1) あとが August 10（8月10日）と日にちなので on。直後の August だけを見て in としないように注意。

(2)「東京に（1人で）住んでいる」なので lives … in Tokyo。「東京の中に」というイメージ。

(3) without を使い，「ヒロシはそれ（コーヒー）をミルクや砂糖を入れずに飲んだ」という文にする。あとに，同じようにしたが苦くて飲めなかったという内容が続くことから，ミルクと砂糖を入れなかったと判断できる。with にすると，ミルクか砂糖を入れて飲んだという意味になる。

(4)「～にとって」を表す for ～（または to ～）を使い「自分にとっては苦すぎた」となるようにする。

【全文訳】
　私は8月10日にいとこのヒロシを訪ねた。彼は大学生で，1人で東京に住んでいる。彼の部屋は大きくはなかったが，いい部屋だった。私たちはいっしょに昼食を食べて，たくさん話した。昼食のあとコーヒーを飲んだ。ヒロシはミルクや砂糖を入れずに飲んだので，私も同じようにしたが，それは私には苦すぎたので飲めなかった。